本书为国家社会科学基金重点项目

“构建三维一体的全媒体传播体系研究”（20AZD058）、

“智能信息传播与超大城市老年数字社会治理研究”（22AXW008）

的阶段性研究成果

新时代传媒创新书系

银发网红
老龄群体的短视频口语传播研究

刘 峰 著

中国传媒大学出版社
·北 京·

目　录 | contents

第一章

银发网红：短视频平台新的“网红”群体及其口语实践特征

在数字化与人口老龄化并行的时代背景下，随着智能手机越来越普及、移动短视频平台的操作越来越简易，越来越多的高龄群体成为互联网用户群中的一员，掀起了“银发网红”热潮。我国正在步入人口老龄化社会，根据 1982 年维也纳老龄问题世界大会针对老龄化社会所公布的划分标准，60 岁及以上人口占总人口比例超过 10%，则该国家或地区被视作步入人口老龄化阶段。根据我国 2020 年第七次全国人口普查结果，60 岁及以上的老年人口总量已超过 2.64 亿人，已占到总人口的 18.7%。将 2020 年第七次全国人口普查结果与 2010 年第六次全国人口普查结果比较，60 岁及以上老年人口数量上升了 5.44 个百分点，人口老龄化程度进一步加深。[①] 截至 2024 年年末，我国 60 岁及以上人口 3,1031 万人，占全国人口的 22%，人口老龄化程度继续加深。[②]

党和政府对人口老龄化问题高度重视，致力于积极应对老龄化。习近平总书记在 2017 年 10 月党的十九大报告中指出，要积极应对人口老龄化；2019 年 11 月，中共中央、国务院印发了《国家积极应对人口老龄化中长期规划》；2020 年 10 月，在党的十九届五中全会通过的《中共中央关于制定国民经济和社会发展第十四个五年规划和二〇三五年远景目标的建议》中，首次提出了“实施积极应对人口老龄化国家战略”[③]；2021 年 10 月 14

① 国家统计局 . 第七次全国人口普查公报（第五号）[EB/OL].（2021-05-11）[2021-11-02].http://www.stats.gov.cn/zt_1855/zdtjgz/zgrkpc/dqcrkpc/ggl/202302/t20230215_190400.html.

② 新华社 . 促银发经济发展，各地将如何发力？[EB/OL].（2025-01-19）[2025-08-10]. www.gov.cn/zhengce/202501/content_6999912.htm.

③ 蒋子桓 . 积极老龄化理论及政策研究 [D]. 成都：西南财经大学，2011.

日，习近平总书记作出重要指示，强调要贯彻落实积极应对人口老龄化国家战略，维护好老年人的合法权益，发挥好老年人积极作用，让老年人共享改革发展成果、安享幸福晚年，未来10年，中国的老龄化程度将进一步加深，“十四五”将成为中国应对人口老龄化的重要窗口期，因此，开展老龄经济学的研究、促进银发经济的发展，恰逢其时。①

在这一社会背景下，老年群体积极接触数字技术，主动进行数字化自我呈现，推动互联网银发用户数量的不断增长。“数字化时代的美好图景之下，从社会舞台回归家庭舞台的老年群体积极触网、呈现自我，促成新兴群体‘银发网红’闪亮登场。”②第56次《中国互联网络发展状况统计报告》指出，截至2025年6月，中国网民规模达11.23亿人，互联网普及率提升至79.7%，中国短视频用户达10.68亿人，60岁及以上银发网民规模达1.61亿人，保持稳定增长态势。③

“老龄化社会与数字化时代共振，引发各界对老年人数字融入的关注”④，以企鹅智库发布的《互联网第一战场：2019泛内容消费趋势报告》作为参考，观看短视频的老年群体占到了整个老年群体的58.6%，位列主要观看网络内容人群的第二位。而每天刷短视频时间在1个小时的人占到14.7%。⑤2021年8月，中国人民大学人口与发展研究中心与抖音联合发布的《中老年人短视频使用情况调查报告》显示，截至2021年4月，抖音短视频平台中60岁以上创作者累计创作超过6亿条短视频，累计获赞超过400亿次。由此可见，通过短视频来记录生活，已经成为当代老年人的新时尚。智能手机的普及和制作门槛低、个性化的短视频的迅速发展，为老年人融入数字化时代创造了契机，越来越多的老龄人口开始选择走进互联网，融入互联网时代，并逐渐参与网络社会的意见表达。这一现象促使以老年角色为定位的银发网红迅速兴起，并吸引了社会广泛关注。“网红”是对“网

① 张航空，刘哲希．老龄化背景下的中国式现代化：第四届老龄经济学论坛会议综述[J]．人口与经济，2023（4）：158-160.

② 方提，黄莉婷．“银发网红”的媒介话语建构及其社会根源[J]．新闻爱好者，2022（2）：35-39.

③ 中国互联网络信息中心．第56次《中国互联网络发展状况统计报告》[EB/OL]．（2025-07-21）[2025-08-11]．https://www.cnnic.net.cn/n4/2025/0721/c88-11328.html.

④ 张晶晶，孙浩绫，燕亚梅．数字技术支持服务增进老年人社会联结的路径[J]．图书馆论坛，2024（4）：157-165.

⑤ 年华．老年网红也潇洒，短视频如何掘金银发经济？[EB/OL]．（2019-05-23）[2025-08-12]．https://www.jiemian.com/article/3154674.html.

络红人”的简称，“银发”代指白头发；银发网红是指网红中年龄超过 60 岁的老年群体。如今，越来越多的老年人正在热情拥抱互联网，他们不仅是互联网的受众，还是网络内容的创作者。展示出了自身相较于普通短视频创作者的独特性。

在短视频创作中，口语传播作为信息传递的重要载体，凭借鲜明的人际性和感染力，成为提升短视频传播效果的关键环节。口语传播可追溯至古希腊的公众说服和辩论活动，有两千多年的学术实践和教育传统，其作为一门学科发源于 20 世纪初的美国，是一个可以与大众传播分庭抗礼的学术领域，[①] 口语是短视频的重要构成元素之一，不同的口语风格对塑造短视频形象具有直接影响，因此，恰当的口语表达成为创作优秀短视频不可或缺的条件。

本章将对银发网红及其口语实践特征进行全面分析，为更为清晰地认识这一新兴“网红”群体的基本特征、更为深入理解其网络社交的特性和规律打下基础。

第一节 银发网红群体的兴起

随着社会媒介化进程不断加快、网络媒体不断普及，短视频平台迅速兴起，成为不同年龄群体分享内容、社交互动的新选择。随着近年来媒体融合发展的推进，短视频内容生态已经处于转型升级过程之中，移动化、社交化、数据化等特征已经嵌入短视频内容生态，传统电视媒体、网络视频等均努力在短视频领域布局，短视频的兴起已成为传媒业的新风口，短视频在整个视频内容生态中的影响力不断提升，[②] 短视频短而精、短而有趣，可以在几十秒或几分钟的时间里，讲述一个完整的故事，包括开头、发展、高潮到结局，让观众乐此不疲地沉浸其中。短视频平台兴起之初，创作者和受众均以年轻人为主体，但是近年来观看与创作短视频的老年群体规模大幅攀升，银发网红也成为广受关注的新群体。银发网红现象是在媒介化与老龄化进程中重新审视老年群体身份政治与文化主体性的重要

① 陈虹，杨启飞 . 基于场景匹配的口语传播：智媒时代之播音主持教育 [J]. 现代传播（中国传媒大学学报），2020（6）：164-168.

② 严三九，刘峰 . 5G 背景下短视频内容生态重构探析 [J]. 中国编辑，2020（6）：9-14.

入口。[①] 老年人作为全新的创作主体很容易吸引观众的目光，老年创作者的亲和力与反差感也为他们带来了可观的流量。另外，大量银发网红的视频作品是通过口语传播的方式创作的，口语传播作为短视频内容生产与传播过程中便捷、有效的方式，赋予了老年群体更多创作与互动空间，因此银发网红的口语传播实践已成为一个值得学术界深入关注与研究的重要议题。

一、银发网红：短视频平台新的网红群体

截至 2024 年 2 月 28 日，抖音平台已经出现了大量具有代表性的银发网红账号，如“我是田姥姥”（粉丝数 3416.3 万）、“潘姥姥”（粉丝数 3419.1 万）、“末那大叔”（粉丝数 1526.9 万）、“济公爷爷 · 游本昌”（粉丝数 1338.2 万）、“戴建业”（粉丝数 779.4 万）、“蔡昀恩”（粉丝数 575.8 万）、“王大姐来了”（粉丝数 466.1 万）、“三支花”（粉丝数 424.4 万）、“老把头和老解”（粉丝数 425.7 万）、“钱文燕”（粉丝数 370.9 万）、“阿木爷爷”（粉丝数 332.9 万）等。[②]

银发网红群体基于抖音等短视频平台发布各种类型的内容，如记录型、娱乐型、知识型、技能型、互动型等多元内容。[③] 其中，记录型指的是博主通过记录真实的生活场景，向受众展示老年人日常生活中的各种故事，如蔡昀恩分享婆婆和奶奶带娃、逛街、旅行等生活；娱乐型是指博主结合自身特质进行娱乐化创作，通过幽默段子、歌舞才艺、网络热梗等内容带给受众欢乐，如田姥姥；知识型是指博主凭借自身的科学文化素养，向受众分享学科知识，如文学教授戴建业解读诗词文化，作为主任医师的钱文燕分享健康科普类内容等；技能型指的是博主发布有特殊技能的内容，如阿木爷爷在视频平台展现手工技艺绝活，不用一根钉子、一滴胶水，仅凭巧手打造鲁班凳等物件；互动型则是指博主通过作品与受众互动，如济公爷爷游本昌凭借热播剧《繁花》再次赢得大家的广泛喜爱。

银发网红具有较为明显的多样性。比如，基于人口学信息统计，其年龄跨度较大，从 60 岁的初老人群到百岁老人都有成为银发网红的可能，此外，分布地区广泛，涵盖东北、

① 吴炜华，姜俣 . 银发网红的网络实践与主体追寻：基于视频社交场景中的“老年 UP 主”族群研究 [J]. 新闻与写作，2021（3）：14-21.

② 截至 2025 年 8 月 11 日的数据。

③ 杜鹏，马琦峰 . 银发网红：缘起、机遇与挑战 [J]. 社会建设，2023，10（2）：15.

华北、华东、华中、华南、西北、西南七大地理区域。因为老年创作者的身份、特质存在差异，所以其短视频内容的特点也有明显差别，比如本身没有名气与资源的老年创作者通常因为某些特质或内容意外走红，例如“王大姐来了”中的三人分享与乡村美食相关的音乐短视频，因一条说唱的视频火爆出圈；本身就具有较高知名度的创作者可以凭借自身的光环效应吸引来大批粉丝，如济公爷爷游本昌；还有很多银发网红具备一定知识储备，通过分享、传授知识赢得受众喜爱，如戴建业。从短视频的表现形式来看，可以简要划分出个人型、团体型、家庭型等。个人型银发网红以独立的个体形象出镜，作品内容围绕着其行为或特质展开；团体型银发网红往往以团体的形式出镜，作品中没有明显的主角、配角之分，如“时尚奶奶团”；家庭型银发网红多为代际或者夫妻之间的组合形式出镜，作品内容围绕着家庭互动展开，如“老把头和老解”。

二、银发网红概念的界定

“银发网红”一词兴起于 2020 年，由于学科视角差异和研究时间有限，学界对银发网红的定义尚未达成一致。本节使用的定义是由国内学者杜鹏和马琦峰所提出的“通过短视频等形式展现自身的行为、态度与特质，引发网民关注、取得较高热度的老年个人及团体”[①]。此外，他们还在研究中从作品内容、初创身份、表现形式和创作目四个维度对银发网红进行了划分（见表 1.1），为深入研究该群体做了重要的铺垫。

表 1.1　银发网红类型划分的四个维度

划分维度	类　型
作品内容	记录型、娱乐型、知识型、技能型、互动型
初创身份	草根型、明星型、高知型、职业型
表现形式	个人型、团队型、家庭型
创作目的	公益型、商业型

① 杜鹏，马琦峰 . 银发网红：缘起、机遇与挑战 [J]. 社会建设，2023，10（2）：15.

总体来看，目前国外尚未出现银发网红的概念和相关研究，而国内对短视频银发网红的研究成果相对较少，笔者通过文献梳理，发现这些研究主要聚焦于短视频银发网红现象成因、媒介形象以及传播特点等方面。

第一，在短视频银发网红现象成因的研究成果中，吴晓东和王准基于传播学与社会学得出三点结论：其一，社交媒体平台上出现了能够和受众进行双向互动的网络红人；其二，银发网红的短视频内容打破了传统，具有吸引力和争议性；其三，平台本身在银发网红传播中起着扩大影响的助推作用。① 魏晓芳则从消费主义视角切入，指出老龄化社会催生出银发经济，且在短视频平台、商业资本和个人共同努力之下打造出银发网红。② 李豪和赵红艳则从符号互动论视角提出，银发网红通过身份符号塑造、共通的意义空间构建与青年粉丝的互动体系，借助前台展示、互动共情等手段对青年粉丝实现圈粉效应。③

第二，在短视频银发网红的媒介形象方面，徐丽娟则基于框架理论，结合内容分析法进一步研究老年群体在自我呈现中塑造出的媒介形象，提出老年人短视频通过高、中、低框架的建构方式，进一步塑造甚至重塑了老年人在大众眼里的形象特征。④ 赵丽芳等人使用文本分析法研究了四位具有代表性的银发网红，发现银发网红自我建构的媒介形象鲜活生动，这与传统的“老弱病残”等消极媒介形象形成了强烈反差，从而打破了传统媒体和社会认知中对老年群体的固有印象。⑤ 张蕾认为，银发网红的人设清晰，且呈现出 UGC（用户生成内容）与 PGC（专业生产内容）融合生产的态势。⑥

第三，在银发网红的传播特点研究中，赵隆华和刘俊冉认为自媒体银发网红在传播过程中处于核心地位，是整个传播的源头，并指出银发网红是老年群体消极刻板印象的纠正者、娱乐时尚等潮流元素的推动者、文化知识和生活哲学的传播者以及积极向上正能量的

---

① 吴晓东，王准．引爆点理论视域下老年网红潮的成因与问题 [J]. 青年记者，2020（3）：41-42.

② 魏晓芳．消费主义视角下“老年网红”的兴起 [J]. 硅谷，2020（23）：78-80，84.

③ 李豪，赵红艳．符号互动论视角下银发网红在青年群体中圈粉现象分析 [J]. 新闻爱好者，2022（3）：110-112.

④ 徐丽娟．“银发网红”的自我呈现与形象塑造：基于抖音短视频的框架分析 [J]. 新媒体研究，2020（9）：49-51，59.

⑤ 赵丽芳，张宝誉，张涛．从积极老龄化到乌托邦幻想：基于抖音平台老年网红的分析 [J]. 中国新闻传播研究，2021（4）：155-167.

⑥ 张蕾．“银发网民”的短视频消费与生产逻辑研究 [J]. 传媒，2022（4）：57-59.

传播者。[①] 吴炜华和姜俣基于话语分析法考察老年 UP 主的网络实践和文化镜像生产等特征并提出，银发网红通过延伸积极话语、抵抗衰退话语和借用青年话语的方式构建一种全新的液态融合的话语策略，共同塑造了当前银发网红的多元文化版图。[②] 可见，目前学界对短视频银发网红的研究多是从创作主体角度切入，缺少受众视角以及双方互动视角下的探讨。

三、银发网红兴起的原因

当前中国社会两大鲜明的特征是老龄化和数字化，面对日益扩大的数字鸿沟，老年群体作为大众视野中的数字弱势群体，在新媒体浪潮中逐渐被边缘化，但短视频的出现正深刻影响着当下的传播生态，为积极老龄化贡献力量。[③] 随着数字科技的蓬勃发展、媒体生态的逐步改变，各类平台都不断向着便于操作、碎片化并且易于全民参与的特性转变。“短视频的易用性、有用性、可见性等特性为老人的社会融入提供了可能性。老人有联结诉求与满足、技术规避与驯化、社会应许与共鸣三个面向的短视频使用特征。老人试图通过短视频使用来缓和在家庭空间和社会场域面临的隔阂感、边缘感和距离感，并挪用其原有的商品性意义消解孤独，以数字互动的形式带动心理互动、社会互动，在一定程度上实现社会融入”[④]，抖音等短视频平台也为老年人提供了多方面的使用便利，使老年人能够通过上下滑动切换不同的视频内容。除此以外，抖音等短视频平台具有很强的互动性，点赞、评论方便快捷，能够满足老年群体的社交、互动需求；并且不同于文字、图片等形式需要一定的门槛，视频的拍摄与传播便于老年群体掌握，视频内容制作成本低、可复制强，只要加入各式各样有趣的特效、配音就可以制作简短的视频作品。网络媒介的便利性、短视频形式的走红，成为老年群体接触到短视频的前提；短视频平台上的操作简单易

---

① 赵隆华，刘俊冉 .“银发网红”的传播特点与发展路径构建 [J]. 青年记者，2020（12）：48-49.

② 吴炜华，姜俣 . 银发网红的网络实践与主体追寻：基于视频社交场景中的“老年 UP 主”族群研究 [J]. 新闻与写作，2021（3）：14-21.

③ 刘阳，冷凇 . 老年群体的网络实践：基于短视频社交场景中的“银发网红”研究 [J]. 电影评介，2021（16）：109-112.

④ 晏青，李宁馨 . 联结、驯化与社会应许：农村老人短视频使用与社会融入研究 [J]. 新闻与传播评论，2022（6）：26.

学，为银发网红的持续创作提供了保障。

“作为一种简单易用的新媒介，短视频甫一出现就迅速获得了老年群体的喜爱，然而有关其沉迷上瘾，迷失自我的问题很快又引起社会热议，似乎在短视频面前，他们全然处于茫然被动的状态。……在生活器物层面，老年群体的短视频实践体现在其被视为一种开源节流的实用物品；在文本内容层面，他们的短视频实践体现出补偿性娱乐和技能学习的特性；在空间场景层面，则体现出性别实践逆转与家庭共享空间的衰落，以及地方社会的凸显与村庄公共交往的再造。因此，老年群体的短视频实践并非只是一种简单的娱乐事项，更是一种能动的嵌套于他们日常的新型生活方式，其背后反映的是老年群体对数字生活的再嵌入。”① 老年群体在短视频内容生产和传播过程中能够实现自我价值，这成为银发网红群体日益扩大的内在心理动因。基于马斯洛的需求层次理论，老年群体获得较低层次需求的满足后就会产生更高层次的需求。随着人际交往、自我表达和精神需要的凸显，更多老年人开始主动寻找向其他人表现自我的平台。短视频社交平台的兴起及工具的易用性为老年群体这一诉求的实现提供了机会，大量老年人开始面对摄像头展示自己，或者利用手机记录生活中的各种场景。老年群体的自我实现需求，或是想要借助短视频平台分享自我生活、进行消遣娱乐、将流量变现的需求，都不断促使着老年群体走进并深耕短视频领域。此外，不同主体间的点赞、评论等积极反馈能进一步增强他们参与短视频内容创作的信心与动力，形成良性循环。这种基于创作者心理需求的满足，有力推动了银发网红群体的出现与发展。

从受众角度来看，银发网红的视频多以生活场景为主，内容源于日常生活，充满贴近性与趣味性，如视频中常采用儿孙视角展现搞笑风趣的生活片段，这种轻松、自然的呈现方式使不同受众更易接受，并从中产生各自的认同感。通过视频平台，代际的互动也呈现了新的可能性，如银发群体有自己的人生经验与智慧并乐于分享，其中很多内容能够给年轻一辈带来鼓励、指引等，而很多青年受众也乐于以这种方式汲取“过来人”的经验。

① 何志武，董红兵 . 短视频“下乡”与老年群体的日常生活重构：基于一个华北村庄的田野调查 [J]. 新闻与传播评论，2021（3）：14.

第二节　银发网红的短视频口语传播特征

“随着短视频的兴起和社交媒体的大力传播，老年网红悄然崛起，他们身上蕴藏的社会价值和商业价值也逐渐被发现和发掘。整体而言，他们在互联网文化、舆论和商业三方面都会产生积极的影响，同时也给老年社会和网络社会传递更多的正能量，进而改变和优化我国的网络文化”[①]，由于银发网红这一群体的特殊性，他们的短视频传播实践相较于其他年龄段的创作者也具有一定的独特性。本节从口语传播的视角，力图探索银发网红短视频内容生产与传播中存在的一些典型特征；结合“姥爷的耀杨”（原“耀杨他姥爷”）“我是田姥姥”“济公爷爷·游本昌”等短视频账号案例，对银发网红的短视频口语传播特征进行简要分析。

一、在地化的方言运用

在短视频内容创作中，视听语言是不可或缺的一环。“数字媒介时代下，新媒介形态早已成为视听作品创作依托的重要媒介形态。传统视听作品的生产、创作与传播，多由国家或行业内的大型制片、发行和放映机构主控。如今，随着新媒介实现技术和支持平台的成熟以及终端移动设备的普及，新媒介形态已然介入人们的日常生活和艺术创作，使得个体化的小型媒介机构拥有创作、生产、传播视听作品的机会与渠道。视听语言体系在这一趋势的影响下，既承袭传统媒介形态的创作方法，又显现新媒介形态下个性化的私语言特点”[②]，虽然银发网红短视频语言以普通话为主，但因个人所处地方的不同及与年龄相关的受教育程度的差异，银发网红的普通话并不完全标准，经常夹带方言和口音，这不仅赋予了其文化属性和情感属性，还凸显了其个性，提升了其魅力，作品具有了鲜明的地域特色。

身处信息爆炸的互联网环境中，大众已饱受同质化内容的困扰，个性化的表达往往更受欢迎。方言满足了部分创作者追求个性的需求，能使其树立独特的人设，产生较好的传播效果。方言本身具有突出的地域特征，能够在一定程度上体现当地人民的生活状态、展

① 孙一楠，谭天．最美不过夕阳红：老年网红价值与影响分析 [J]. 新闻爱好者，2021（4）：28.

② 杨庆生．个性化的私语言：新媒介形态下影像与声音的创作转向：以短视频作品为例 [J]. 艺术评论，2023（6）：18.

示地域文化、营造出地方感，更易获得地方受众的关注，也能够帮助创作者提升语言表达的感染力、作品的趣味性与辨识度，助力银发创作者构建鲜明的媒介形象。

在“陕西老乔”账号中，老乔一边说特色的陕西方言，一边教大家如何制作陕西美食，与其他讲解美食的短视频相比，老乔的陕西方言给他的作品带来了一抹亮色，增添了作品辨识度，也提升了作品可信度。在“陕西老乔”大量视频内容的结尾，老乔都会用陕西方言说一句“再来一瓣蒜”，这凸显了他豪爽的人设，不仅提高了作品辨识度，还赢得了众多陕西老乡的关注。

在账号“我是田姥姥”的作品中，田姥姥的口语有浓厚的东北口音，东北口音本身自带喜感，与田姥姥树立的搞笑人设相呼应，使“东北搞笑姥姥”的形象更加深入人心，也让观众感觉更加接近田姥姥的日常生活。除此之外，在账号“北京大妈有话说”中，视频中北京大妈的口语表达中带着浓浓的京腔，与作品呈现的人设完美契合，并且该账号内容主要是介绍北京景点及文化，适当的北京口音还能够增强介绍的可信度，提升视频的亲和力。抖音账号“姥爷的耀杨”中的作品以孙子耀杨拍摄姥爷的日常生活为主，一家人都说着地道的东北方言，人物状态自然，没有表演痕迹。耀杨一家使用东北方言对话，而每个人都各有特点，耀杨姥爷作为视频主角，特点鲜明，他的语速比较快，经常说出一些难懂的东北方言；耀杨经常教姥爷学当下年轻人的流行语，并以此调侃姥爷；妈妈脾气暴躁，嗓门通常很大；小慧开朗爱笑，视频中经常能听到她豪爽的笑声。这些成为“姥爷的耀杨”短视频中每个人物特有的符号，为作品增色不少。

二、真实化的口语表达

在移动互联的今天，基于便捷的社交平台，短视频展现出了强大的传播力量。在短视频内容生产中，口语表达是非常重要的一环，直接影响短视频的内容质量与传播效果。[①]“短、平、快”的短视频重新定义了视听语言规则，视听语言趋向碎片化、口语化。[②]与传统电视媒体节目中规范化、专业化的口语表达相比，银发网红的口语传播大多都不完美、不精致。虽然银发网红或多或少都存在一些口语表达上的缺点，但这并不会影响观众

① 王谦．短视频口语表达创作准备探析：以美妆类短视频为例 [J]. 新闻研究导刊，2022，13（7）：85-87.

② 蔡海波，任晖．口语化表达与娱乐化诉求：短视频视听语言探析 [J]. 声屏世界，2021（24）：79-81.

对视频内容的理解，反而会让观众感到真实、自然。由于银发网红大部分处在生活化的场景之中，他们的视频内容源于生活，是自我生活场景的展现。因此，生活化、亲切化语言能显著提升视频的完整性，令作品风格浑然一体，使观众感觉十分真实。这种真实的语言不仅让荧幕形象更符合大部分观众家中长辈的真实情况，更能将银发网红的长辈形象延伸至视频作品之外，悄然消除与观众间的隔阂，拉近彼此的距离，更容易引发情感共鸣。如账号“姥爷的耀杨”中姥爷讲话时常带着磕绊，但这正是真实生活化表达的体现。

真实自然的语言更容易营造搞笑、亲切的氛围，也更容易打造接地气的土味形象或是搞笑幽默的喜剧人形象。比如，“小顽童爷爷”“罗姑婆”“结巴老爹”“我是田姥姥”“姥爷的耀杨”“牛大爷欢乐多”等账号，这些账号的作品大多借助他们生活中真实的语言展现有趣、接地气的人物形象，令人物形象显得更加自然、合理。部分银发网红通过家庭日常的闹剧来塑造搞笑的喜剧人形象，内容或是拍摄被整蛊的真实反映，或是以编排的情景剧为主要内容，但共同点都是运用生活化、真实的语言。在“我是田姥姥”账号中，田姥姥的大嗓门是她的标志性特点。视频中田姥姥的话又多又密，但不会让观众感觉是刻意表演，这是由于田姥姥的语言大部分是没有逻辑的情感表达或是语气词，她的口语生活化，能让观众感觉仿佛是邻家姥姥在说话。在作品主题上，“我是田姥姥”的视频内容大部分拍摄的是嘴碎的田姥姥与调皮的外孙之间搞笑的故事，呈现的是祖孙之间的家庭式喜剧，既温馨又搞笑，祖孙二人人设立体饱满，语言风格朴实无华，视频内容和场景真实、接地气。

此外，银发网红视频中存在大量对白的口语形式，而且对白多为拍摄者与被拍摄者聊天的内容，这能让观众更容易将自我代入，感觉仿佛是自己在与老人交谈。由于银发网红的作品大多在家庭环境下拍摄，对白的使用也有助于展现和谐的家庭氛围。比如，“末那大叔”“康康和爷爷”“结巴老爹”等账号的作品中都有与家人的对白，他们的对白也是真实情感的流露，家人之间的对白能使银发网红的形象更加立体丰满，能起到调动观众情绪的作用。

三、温暖激励的风格传递

除了树立搞笑人设的银发网红，还有部分银发网红的形象是慈善和蔼的长者形象或是经验丰富的指引者形象，如“北京大妈有话说”“局座召忠”“济公爷爷·游本昌”等。

他们文化知识丰富、涵养深厚，常在视频中输出知识类内容。此类银发网红的口语表达更加沉稳，陈述性更强，作品呈现也大多声情并茂，传递着正能量，鼓励观众积极向上，具有温暖激励人的效果。

另外，诸多银发网红账号名称中带有“爷爷”“奶奶”“叔”“姑”等字样，这样银发网红既能在个人信息展示中明确老年人身份，让自身定位更加清晰，又能使观众更好地把握视频内容的特点。在“我是田姥姥”“姥爷的耀杨”视频中，经常能听见小辈喊的“姥姥、姥爷”声，这种小辈与银发网红之间交流互动的过程能够触动观众对长辈的想念，引起观众共鸣，更容易使观众在心中树立起长辈的慈祥形象。

此外，还有许多银发网红在视频中坚持采取和蔼、平等的沟通方式。他们的作品经常将“您”“孩子们”等作为开头语。他们将观众放在平等的地位，他们的形象不像长者，更像朋友，展现出人老心不老的态度。在这类银发网红的作品中，少了刻板的长辈说教的形式，多了明显的交流互动性。比如，“济公爷爷·游本昌”的作品经常以“亲爱的娃娃们”开头，这种口语表达充满亲和力，能够打破以往人们对于老年人思想古板、保守等刻板印象，不仅有利于银发网红彰显个性、实现自我表达，还有利于他们拉近与年轻观众的心理距离，更容易被年轻观众所接受，减少年轻观众对于他们的抵触心理，实现账号的“扩圈”。

银发网红的口语风格特征与他们的形象塑造有密切关联。搞笑、土味形象的银发网红大多使用方言；展示生活类内容的银发网红的口语表达比较通俗易懂，带有很浓烈的生活气息；树立指引者或长者形象的银发网红的口语风格更加沉稳和善、平易近人。这些独特的口语表达特征增强了短视频的内容表现力，也在一定程度上将银发网红群体与年轻网红群体区分开来，赋予银发网红作品独特的气质，使其得到观众的关注与喜爱。

第三节　银发网红短视频口语传播的作用

银发网红短视频口语实践已经成为当下融合传播生态中新兴的独特现象，随着银发网红群体规模及影响力的扩大，其口语传播实践的作用也值得关注和重视，本节从个体、社会、媒介等维度审视银发网红短视频口语传播的作用。

一、有助于在个体层面满足老年群体的多方面需求

整体来看，作为互联网使用的边缘群体，银发一族使用新媒体设备、处理互联网信息的能力较弱，普遍面临人际关系疏离、数字生存能力不足等问题。在数字时代与各类平台上，老年群体更遭遇关怀缺失、休闲娱乐形式匮乏等困境，部分老年人甚至在新媒体环境中逐渐失去自信，陷入自我价值迷失的危机。抖音等短视频 App 的出现为老年人创造了展示自我的新平台，大量老年人通过观看视频丰富休闲生活，通过创作内容实现自我价值，在不断创作、获得正向反馈的良性循环中，他们获得心理层面的满足、重建自信。短视频的创作表达在很大程度上帮助了老年群体在互联化生活中寻找到自身的位置。银发网红的出现也为普通老年群体提供了榜样，有助于其重新审视对自我的判断，使其逐渐了解即使步入老年生活也存在多种可能性，从而以积极正面的自我期待参与社会活动。[①]

二、有助于在社会层面消除数字鸿沟与代际隔阂

银发网红已经成为不同老年群体跨越数字鸿沟的“桥梁”，他们正带动更多老年人使用短视频平台。对于老年人而言，同龄群体的作品更容易引发他们的认同与情感共鸣，也更受他们的关注与偏爱。因此，短视频平台有助于更多老年人寻找到志同道合的朋友，增进彼此互动。银发网红的出现带动了老年人积极参与短视频平台内容创作与传播，他们从数字移民或数字侨民渐渐变成了数字公民，老年人数字鸿沟问题得到巧妙解决。老年人通过玩抖音组成了基于趣缘的线上群体，这种新媒介环境下的社交方式，为老年人提供了虚拟陪伴与精神慰藉，促进了他们的社交拓展、社会参与，并加强了群体连接，推动了公共性的复苏。这种抖音社交和媒介养老的方式丰富了老年群体的精神生活，在一定程度上减少了他们的孤独感，改善了他们的生存状态，开启了他们重新寻找自我价值的过程，并在客观上促成了积极老龄化的实现。[②] 另外，银发网红通过短视频口语实践也带动了更多年轻群体、家庭成员与父辈之间的互动，深化了他们之间的情感联系，不断弥合代际隔阂。银发网红在短视频内容的生产与传播过程中为年轻人的思想注入了活力，也重塑了年轻人

① 方提，黄莉婷．“银发网红”的媒介话语建构及其社会根源 [J]. 新闻爱好者，2022，(2)：35-39.

② 张淑华，徐婷婷．乡村老年群体的“抖音社交”与“媒介养老”现象：以豫中某乡村为例 [J]. 现代传播（中国传媒大学学报），2024，46（2）：129-137.

对父辈的印象，进而为代际群体的交流提供了共同话题，有助于推动代际的良性互动，拉近两代人之间的距离。因此，银发网红的口语传播实践对于消除数字鸿沟与代际差异起到了正向作用。

三、有助于在媒介层面丰富传播内容生态

在媒介层面，银发网红的口语传播实践丰富了短视频内容生态，对克服短视频平台内容同质化、实现异质化传播起到了积极作用。此外，将“缺失”的老年群体带入大众视野，充实了属于老年群体的传播内容生态。同时，银发网红的短视频口语实践有助于改变大众对老年群体的刻板印象，如部分受众对于老年人群仍存有“固执己见、体弱多病”等刻板印象，而银发网红的短视频通常充满积极向上的生活态度，如北海爷爷和其儿子共同经营的“末那大叔”抖音账号，视频内容大多是爷爷的日常生活和父子之间的互动，视频中的北海爷爷对自己的穿搭非常讲究，展现出了极具仪式感的精致生活。这些鲜活的内容不断刷新着人们对于老年群体的印象，重塑着积极老龄化的老年群体形象。

第二章

银发网红短视频口语传播实践的意义与价值

在上一章中我们分析了银发网红短视频口语传播实践的特征，银发网红的短视频口语传播实践能够对个人、社会、媒介产生积极影响，具体来说，可以为老年人提供一种新的表达与沟通方式，满足他们的心理需求，使他们收获认同感。银发网红的短视频口语传播实践有助于解决“数字鸿沟”问题，消除代际差异和刻板印象等。接下来本章将结合短视频内容生态中更为多样化的主体类型，探讨银发网红短视频口语传播实践的意义与价值。

第一节　视频内容创作与口语传播的双向支持

近年来，随着老年群体在短视频社交平台上的深度参与，银发网红逐渐成为一个重要的互联网文化景观。从短视频内容上看，银发网红的口语往往独具特色，特色的口语化表达成了他们的短视频吸引人的重要因素，也塑造了他们个性化的媒介形象。本节将结合具体实例，从传播学的视角分析短视频内容创作与口语传播的双向支持关系。

一、银发网红的短视频创作支持口语内容输出

通过对各短视频平台银发网红媒介形象的对比分析，笔者以内容输出、短视频风格和人设打造等为标准，将互联网上的银发网红大概分为四类：输出生活理念类、输出专业知

识类、输出幽默效果类、输出名人情怀类。

第一，输出生活理念类的银发网红。输出生活理念类的银发网红通过形成反差感吸引关注，他们或是有前卫的思想观念，或是有积极活跃的生活状态，或是有优雅帅气的形象，这与刻板印象中病弱、守旧、臃肿的老年人形象形成了鲜明对比。① 这类群体常常使用贴近青年群体文化生活的网络流行语，从而强化其年轻化的人物形象。属于这一类别的银发网红有以旗袍着装为特色的“时尚奶奶团”和以精致儒雅穿搭为特色的北海爷爷。

第二，输出专业知识类的银发网红。输出专业知识类的银发网红主要依托自身过硬的专业知识、丰富的人生阅历和深厚的文化修养塑造知识科普类博主的形象。他们的视频内容寓教于乐，主要进行知识科普或者对人生问题进行探讨。对于这类群体而言，老这一在传统中国社会中的智者特征，使他们更容易获得网民的信任和尊敬。他们在语言运用上逻辑缜密、修辞丰富、语法精准，显示了与网络语不同的高度组织化与凝练特质。一般而言，具有鲜明个人演讲风格的银发知识博主更容易受到关注，属于这一类别的有诗词讲师戴建业先生和军事讲解员张召忠先生。

第三，输出幽默效果类的银发网红。输出幽默效果类的银发网红主要通过故事化叙事实现喜剧效果，有的通过展现老人与晚辈的代际差异导致的沟通中的戏剧化效果，达到逗乐观众的目的。这类群体在语言上往往具有明显的方言特色，语句短、节奏快，语言简明易懂并常常使用网络热梗、土味语录等。属于这一类别的银发网红有四川乡村的罗姑婆和三位奶奶组成的“三支花”组合。

第四，输出名人情怀类的银发网红。输出名人情怀的网红群体就是步入老龄阶段的演员、艺术家等。这类群体往往拥有一些具有大众知名度的艺术作品（戏剧角色、歌曲等），因为早期积攒的大众知名度而能在账号运营初期便收获大量网络流量。这类群体的视频作品常出现定位不清的问题且呈现出情怀消费的问题。这类群体在口语上展现出了明显的人设设计和表演化特点，有的演绎自己的经典 IP（知识产权）角色，有的持续强化曾经的演员人设。对于这类群体而言，只有明确自身的媒介形象定位，才能避免过度依赖名人身份热度，从而实现媒体账号的持续发展。属于这一类别的银发网红有游本昌先生和诸葛亮扮演者唐国强先生。

① 武晓立 . 跨越“数字鸿沟”：社交媒体时代老年人媒介素养的提升 [J]. 青年记者，2020（25）：16-17.

二、口语传播实践丰富短视频内容

视频是一种现代技术创新带来的新兴媒介载体。需要注意的是，本节中所讨论的视频即银发网红在互联网平台上传的短视频媒体产品，绝大多数属于有声视频。对于有声视频而言，画面和声音共同组成其表意语言，成为视频这一意义单元传达信息的重要工具。随着传播技术的发展，有声视频逐渐在实践中分化出丰富的媒体形式，如电影、电视剧和短视频，对于这些不同的媒体形式而言，影像语言和声音在表意的重要性上分别展现出了不同的权重。对于电影而言，影像本体论的拥簇者确定了影像语言在电影意义传达中的崇高地位，但笔者认为，对于短视频而言，声音中的语言，即口语，承载了更重要的表意功能。①

由于短视频多在手机移动端播放，以竖屏为主要的视频画幅类型，这在一定程度上限制了其影像语言表达的丰富度。在视频媒介中，每一种画幅都有其自身的表达特性，16：9的横屏能容纳更多的环境信息，具有更高的画面单位信息密度，并拥有更广阔的影像表达创意空间；但在竖屏的画幅中，其主要的信息来源于人本身，被拍摄的主体占据了绝大部分画面，因此竖屏的拍摄往往能够最大限度地突出视频中的主体，减少周围环境中的信息对人的视觉干扰，而主体作为竖屏中的主要信息源，其传达信息主要依靠口头语言。以横屏为呈现方式的短视频往往有更精美的画面设计和丰富可读的影像语言，而以竖屏为呈现方式的短视频，影像语言较为匮乏，以被摄主体的口语为主要表达的语言。

当然，这种影像语言和声音的表意的重要度在不同类别的银发网红作品中有所不同，如在输出幽默效果类的银发网红作品中，一些影像语言，如滑稽的肢体语言和几种低技术含量的戏剧蒙太奇也在作品的意义传达中拥有重要地位；对于知识输出类银发网红博主而言，视频的意义输出则几乎全依靠口语表达。但是总体而言，由于银发网红本身拍摄技术和拍摄成本的有限性以及竖屏画幅的客观条件限制，口语在其短视频产品中占据了核心地位，是其内容输出的主要工具。②

口语作为语言，既能通过语音表意，也能转换为文字，进而通过文字表意，这种二维的特性大幅度扩展了其传播方式。例如，在一部电视剧中，人物所说的经典台词就可以通过文本化的网络流行语或者网络梗图等方式在互联网上以独立的形态继续传播，并且由

① 武晓立．跨越“数字鸿沟”：社交媒体时代老年人媒介素养的提升 [J]. 青年记者，2020（25）：16-17.

② 彭兰．视频化生存：移动时代日常生活的媒介化 [J]. 中国编辑，2020（4）：34-40，53.

于文字传播的限制更少，该信息可能获得更广范围的传播。对于银发网红的短视频产品来说，口语表达也可以通过文本化获得在互联网平台上更广范传播的机会。文本化的口语表达作为视频内被二次加工的媒介产品，其传播范围的扩大也有利于激发更多用户观看原视频的兴趣，从而增加原视频的知名度和播放量。[①]

三、口语传播助力短视频内容有效吸引用户

注意力资源因为潜在性、稀缺性、可增值性等特点，成为互联网企业抢夺的重要资源。例如，在短视频平台生态圈中，博主将吸引的流量变现这一过程中最基本的一步就是要在庞大信息网络中抓取用户注意力，并持续吸引其观看视频内容，从而实现情感双向交互。在银发网红的短视频产品中，口语表达是其用于吸引用户注意力，增加视频播放量和完播率的重要依仗。例如在知识输出类银发网红的视频中，用户借助富含丰富专业知识的口语文本进行学习思考；在名人情怀输出类的银发网红视频中，用户则从富含人设性表演的口语文本中感受经典情怀，获得情感触动。

口语的线性特征也使其能更好地达到持续吸引用户注意力的目的。口语表达过程有明显的逻辑线条，给予了用户清晰明了的意义理解路径，便于其及时理解并进行反馈，保证其注意力持续集中。[②] 在短视频中，由于视频图像意义构建的受限性，单纯的影像很难维系丰富的信息密度，而口语表达在银发网红短视频产品中发挥了吸引用户注意力，增加视频播放量和完播率等重要作用。

四、口语传播 + 短视频助力实现不同群体情感联结

在以抖音为代表的短视频平台中，每条视频下方都被设置了多个公共评论区，从互联网平台的社区经营角度看，评论区的设置可以增强平台社交属性，促进用户互动，增加用户黏性并且有利于良好社区氛围的营造。对于视频博主而言，评论区中丰富的用户互动既

---

① 陈虹，杨启飞 . 基于场景匹配的口语传播：智媒时代之播音主持教育 [J]. 现代传播（中国传媒大学学报），2020（6）：164-168.

② 徐树华 . 论口语研究的三种导向：交际、表达、传播 [J]. 现代传播（中国传媒大学学报），2012，34（9）：66-69.

能通过算法提升视频热度，又能促进观看用户与博主的双向交流，有利于建立更紧密的情感。

对于银发网红而言，视频中的口语表达内容是观看者在评论区进行沟通行为的重要驱动力。视频中的口语表达为银发网红提供了自我呈现的工具，如输出理念的银发网红可以通过口语表达展示自己积极年轻的生活态度和先进的思想意识，输出知识的银发网红可以通过口语表达传播自己丰富的人生经验。这些具有学术或经验价值的语言信息都可以激起用户的讨论欲望。除了具体的语言信息，特别的语言风格也能激发观众的交流欲望。例如，一些银发网红的方言常常能激发观者对家乡的怀念，使得他们在评论区抒发自己的感怀；还有一些银发网红的口音、音色或语调，能够使观众联想到自己家中的老人，从而激发其表达欲。口语表达中蕴含的丰富多元的表现层次——信息内容、语气语调、表达风格等，能多维度刺激观众理性思考与情感共鸣的双重反馈，有效激发其在评论区互动的意愿，从而提升视频互动率，并增加视频的热度与推荐权重。

在银发网红的短视频作品中，口语表达可以被解构为信息的载体、符号的化身、语音化的文本等多重身份。基于这一对口语表达行为的多层次认知，分析短视频媒介特性和口语表达对于银发网红及观众等群体多层次的作用，可以明确口语如何通过多元路径影响视频表达和传播热度。

五、口语传播 + 短视频共同支持银发网红社会价值构建

口语传播的意义在新媒体时代持续演变。从传统媒体时代电视播音员面对镜头的新闻播报到新媒体时代主播自主创作的自拍或解说类视频，均属口语传播的范畴。口语传播具有众多优点，银发网红丰富的表情和风趣的方言更能使形象烙印在观众心中。从直播间的角度出发，银发网红使用亲切又接地气的方言持续输出他们的生活与价值观，能有效吸引网友，网友停留观看并主动关注，这又促使平台推送更多流量。这种口语传播能够让网友更快地了解、喜欢并信任银发网红，加上银发网红长时间输出优质内容，银发网红容易积累更多的铁杆粉丝，这为其后续的变现与商业合作打下了坚实基础。

银发网红口语传播也在社交媒体时代拥有了独特意义和社会价值。银发网红作为年长一代，他们的口语传播能够传承和保护中国传统文化和语言，增强年轻人的民族认同感，如 B 站（哔哩哔哩）UP 主（上传者）“插花艺术倪志翔”，不少青年人在观看了他的插花

教学视频后也开始尝试和学习插花，这有助于中国传统插花艺术的传播。银发网红的口语传播吸引了更多社会关注，银发网红的存在价值越发凸显，银发网红的发展有助于唤醒同辈的社会化意识，推动积极老龄化社会进程，促进社会对年长一代的关注和关爱。

银发网红的出现是时代发展、社会变迁、文化认同、商业需求等方面多重作用下的产物。随着传播技术的更新迭代与媒介影响力的持续蔓延，老年群体逐渐从图文视频的被动消费者变为短视频内容的主动生产者，银发网红开始“出圈”，并在社交平台呈现出了不同的身份特征。① 银发网红通过自身的口语传播进行身份符号塑造，与青年网友构建和谐社交互动体系，实现其应有的社会价值。

银发网红要主动顺应社交媒体时代的发展潮流，其背后的创作团队也应提升自身专业素养，在创作内容时遵照短视频这一载体的表达逻辑，将银发网红自身的口语转向知识化、贴近化、风格化，创作和传递符合主流文化价值观的口语传播内容，传播中华优秀传统文化，做到口语传播与自媒体时代视频形式的更好结合。② 提升银发网红的专业素养，优化银发网红的口语表达能力，是自媒体行业持续健康发展的必经之路。

第二节　短视频内容生态的扩展

随着媒介技术的发展，短视频传播作为互联网传播的一部分，走进了千家万户的生活，用户在短视频平台中成功实现了从单纯消费者向兼具消费者与生产者的转变，短视频的下沉式发展让普通用户也能够借助短视频平台表现自己并获得一定影响力，这让不同年龄、不同风格的网红如雨后春笋般层出不穷，而其中不乏出现一批银发网红。自 20 世纪 90 年代以来，我国人口老龄化进程不断加快，重视人口老龄化并关注老龄化产业的发展是我国政府一直以来坚持的一项事业，人口老龄化下的银发经济也正因此蓬勃发展。本节将基于抖音平台研究银发网红发展现状及其存在的问题并给出相应的改进建议。

① 杨馨，许加彪，梁少怡．让“银发社区”不再脆弱：新媒介可供性与社区治理共同体的建构 [J]. 新闻大学，2023（9）：28-39，118.

② 蒋俏蕾，陈宗海．银发冲浪族的积极老龄化：互联网使用提升老年人主观幸福感的作用机制研究 [J]. 现代传播（中国传媒大学学报），2021，43（12）：41-48.

一、短视频生态老龄化内容的兴起

第一，数字基础技术的快速发展与老龄化内容的兴起相互促进。数字基础技术的不断完善和发展使得互联网准入门槛大大降低，老年群体触网率不断提高。短视频行业的兴起更推动了银发网红的发展，在4G（第四代移动通信技术）时代移动流量价格下降、5G（第五代移动通信技术）通信进一步普及的情况下短视频用户规模逐年扩大，渗透率不断上升。与传统媒介有所不同，短视频凭借低门槛、大众化、短平快的特点获得了一大批老年群众的青睐，满足了老年群体分享生活和娱乐休闲的需求。

随着老年人口规模的不断扩大，老年人希望通过观看短视频来丰富文化生活、享受休闲娱乐。老年群体文娱需求与短视频平台的发展相辅相成，一大批老龄人群入驻短视频平台。与青年人群一样，老年人群也有自己的群体偏好。① 根据老年心理学调查中的相似性原则，人们通常更会对与自己相似度高的人产生好感，同龄群体的作品更能获得同龄人的认可，从而收获更多的关注。老年群体也能够借助互联网拓宽自己的交际圈和知识面，与同龄人建立自己的社群，从而获得精神满足。老年群体不仅通过短视频平台满足文娱需求，还积极寻求展示自我、表达个性的机会。以抖音为例，抖音简单的操作让老年群体更加容易入门，即使没有拍摄剪辑的经验也能通过“拍同款”或者选择其他视频模板简单完成一部作品，在一定程度上抖音能够调动老年群体的积极性，满足老年群体记录生活、获取知识、抒发情感的精神需求。

第二，市场需求推动。抖音平台最早出现的银发网红蔡昀恩奶奶属于意外走红，2019年，蔡昀恩发布了一段与高龄奶奶争论是否喝可乐的视频而意外获得25万次的高播放量并收获了一大批粉丝。自此之后，越来越多的银发网红开始出现，而资本敏锐地发现了银发网红群体所存在的流量潜力和市场，便有专业的机构组织运营银发网红账号，这一时期各类老年用户账号在抖音开始活跃起来。② 这类账号的特点是会有专业人士负责内容策划、视频拍摄以及后期剪辑包装，老年人只需负责出镜演绎内容。这类MCN（多频道网络）机构通常会挖掘不同类型的账号，根据不同人物制定不同的人设和视频内容来和抖音年轻

---

① 沈原燕杭，左美云，李逸博 . 短视频平台上的“银发网红”：研究机会与相关政策 [J]. 北京理工大学学报（社会科学版），2022，24（6）：134-145.

② 吴炜华，姜俣 . 银发网红的网络实践与主体追寻：基于视频社交场景中的“老年 UP 主”族群研究 [J]. 新闻与写作，2021（3）：14-21.

群体形成反差，从而创造新的市场内容。负责“末那大叔”账号运营的是青岛末那大叔文化传播有限公司，该公司一直致力于打造网红 IP。这类专业公司打造的账号能够保持稳定的视频质量和更新率，还能够紧跟当下市场热点，因此打造了不少银发网红。

第三，社会大环境的支持与包容。在社会经济和文化不断发展进步的背景下，人们对于新鲜事物的包容性和接受度相较于以往有了很大提升。社会鼓励发展、支持创新的良好风气在给了许多老年人尝试全新领域勇气的同时，也让大众期待看到差异化的新兴事物和优质内容，这些为银发网红的发展提供了良好的社会基础。近年来，我国越来越重视老年人口的生活娱乐和终身教育问题，致力于促进老年人与社会协同发展。

在社区教育、老年大学以及网络教育得到快速发展的前提下，老年群体接触和学习新媒介的机会大大增加，许多老年人抓住机会融入互联网热潮，消除人们对其刻板印象，努力创造热点内容展现自我，从而得到了大众的鼓励与喜爱。

二、老龄化短视频内容生态的基本特征

粉丝数量和视频点赞量是判定网红的重要根据，目前抖音平台已有大量粉丝达到百万的银发网红账号，截至 2025 年 8 月 11 日，“我是田姥姥”“潘姥姥”“末那大叔”“济公爷爷·游本昌”等账号粉丝数均超过千万。下面将根据百万级银发网红账号探讨其短视频传播特点。

第一，银发形象的塑造。媒介形象是获取关注和流量的关键因素之一。大量银发网红账号昵称中都带有“爷”“奶”“姥”这些字眼，汪奶奶则是额外添加了突出时尚属性的前缀，而游本昌以自己出演过的电视剧形象来提升自身的知名度，进而实现引流。

在用户头像的选择上，所有网红账号使用的都是自己真实的照片，其中像“蔡昀恩”“末那大叔”这类有子孙互动内容的账号则是以子孙合照为头像，体现了账号的内容特点。知识传播类银发网红使用的头像则显得更为严肃和德高望重，如“局座召忠”使用的是身穿西装的特写照，“钱文燕”是身穿白大褂的特写照，这类博主都以专业、职业的照片为头像，从而加强信任感。由此可见，银发网红在媒介形象塑造上与青年人有所不同，银发网红会直接突出自己的银发形象，根据账号内容特点和风格定位选择头像，与其他网红群体形成差异，从而获得受众关注。

第二，作品质量参差不齐，内容同质化严重。目前抖音平台上的银发网红账号运营分

为个人运营、家庭运营和 MCN 机构运营三个种类，不同运营方式有不同的运营特点，内容制作水平上也有较大差异。由 MCN 机构负责的账号在字幕、背景音乐、镜头拍摄上都明显呈现了高专业度、高贴合性的特点。另外，家庭成员运营的小作坊式和个人单打独斗式的运营模式难以保证更新率，后期制作比较粗糙，简单的拼接镜头、偶有错误的字幕以及被背景音乐盖过的人声等问题都会影响视频效果的呈现。即使拥有 3000 多万粉丝的“我是田姥姥”也不例外，其很多视频仅靠人物对话和字幕，画面抖动、拼接生硬，内容仅供娱乐消遣，无法做到高效率持续输出，稳定性较差。

严重的内容同质化也是银发网红短视频存在的问题，起初银发网红获得关注与喜爱，就是因为其与年轻网红短视频内容上存在差异，在以内容为王的短视频平台上内容创新是关键。银发网红风格特色虽在横向上有所不同，但在纵向上相较于其他网红种类还是过少，垂直领域划分只有搞笑剧情、生活记录、时尚美妆、美食分享等几大类，在银发网红市场竞争越发激烈的情况下，可供老年群体尝试的风格和主题却很少，风格相似的网红之间容易产生内容模仿，这导致观众产生审美疲劳，账号后续发展不足。

第三，商业机构的介入与影响。正如上文提到的，由于银发网红带来的市场潜力和流量，资本开始打造银发网红。“只穿高跟鞋的汪奶奶”“时尚奶奶团”等账号背后都有专业的 MCN 机构负责孵化运营，虽然在拍摄水准和更新频率上得到了保证，但由于 IP 形象完全由策划团队完成，老年人在其中只演绎，这就难免会让一些观众对其创作能力和人设产生怀疑。此外，还有一部分账号是由老年人的子女负责运营，如账号“姥爷的耀杨”“我是田姥姥”等，不难发现，由子女运营的账号多以幽默、家庭记录为主，通过表现老年人与子女间斗嘴耍宝和子女整蛊老年人产生的有趣互动来吸引受众，这类账号虽然风格轻松搞笑、更接地气，但也容易陷入剧本争议。有许多网友好奇，日常生活中是否真的会有这么多搞笑的瞬间？是不是有剧本演绎的嫌疑？在抖音平台上，由银发网红个人运营的账号以知识分享类为主，如“局座召忠”“钱文燕”等，这类博主通常有固定的镜头，有自己风格的视频模板，在背景音乐和特效方面也走精简风格，视频制作成本低但老年人自身参与度高，这类博主在银发网红群体中占比较少。[①]

第四，商业变现水平低。银发网红商业变现模式主要有商品橱窗、直播打赏、广告植入、线下活动等，考虑到变现方式的方便程度，大部分银发网红选择的模式是商品橱窗和

---

① 刘光胜 . 数字时代的老龄化之殇：迷失在短视频中的“银发群体”[J]. 视听，2021（6）：190-192.

广告植入，但这些模式也有缺点。网红所选的商品和广告植入通常都需要符合自身的风格定位和调性，以不同风格的银发网红“潘姥姥”“只穿高跟鞋的汪奶奶”为例，“潘姥姥”定位美食分享，商品橱窗则以厨具等日常生活用品为主，主攻时尚的“只穿高跟鞋的汪奶奶”则以卸妆巾等美妆类产品为主。账号橱窗中一旦出现与自身调性不符的商品便会使粉丝对账号的信任度下降。对广告产品缺少严格把关，导致产品质量差、售后无保证也是流失粉丝的重要原因。另外，博主在视频中植入广告也会因为植入过于生硬、频繁而引起粉丝的逆反心理，使账号商业变现能力降低。

粉丝年龄断层也是变现率低的重要原因之一，新抖数据显示，抖音银发网红账号的粉丝年龄以 31~40 岁居多，41 岁以上的粉丝占比较少。在以年轻群体为主导的网红界，银发网红虽然在市场上获得了关注，但受到的市场支持远远小于年轻网红。银发网红与粉丝群体间消费习惯和审美的差异，导致其商业变现面临长期且难以转变的问题。新抖数据显示，银发网红粉丝中女性占比极高，时尚奶奶团的女性粉丝占比高达 80%。但即使银发网红卖女性专属的化妆品、护肤品等，也很难与那些专门的美妆博主相比。[①]

三、老龄化短视频内容生态扩展的基本路径

第一，稳定账号的创作主体。考虑到老年群体的身体状况，高强度的更新和直播带货是不现实的，还存在着因为老年人去世陷入停滞的问题，如耀杨在 2021 年经历姥爷去世后，很长一段时间没有更新作品，后将账号昵称改为“姥爷的耀杨”，账号主体换为“耀杨”继续更新。针对银发网红健康状况引起的账号稳定性问题，应该首先关注老年群体的身心健康，可以使用团队协作的创作模式，在家庭成员的协助下让老年人独立操作移动设备，提升老年人在内容创作方面的参与度，团队帮助探索适合老年人身体健康状况的创作模式和规律，让老年人愉快、积极地参与创作。

第二，强调创新，避免同质化。短视频平台强调内容为王，在市场竞争日益激烈的背景下，内容创新和避免同质化成为保障账号可持续发展的关键。在内容创作上，应重视前期的策划，拓宽内容范围，强化垂直领域的生产，不拘泥于老年人的年龄属性，在确保个

① 姜学艳 . 抖音平台“银发网红”现状、问题与改进研究 [D]. 南昌：南昌大学，2022.

人特色的同时紧跟热点，多角度呈现老年群体的独特性。[①]应注重拍摄场景、拍摄手法和后期字幕、背景音效的多样化，避免重复导致的视觉疲劳，重视与受众的互动，倾听不同的声音，并根据受众反馈及时调整创作策略，以新颖的创意与叙事模式打造差异化内容。

第三，在允许范围内探讨合适的商业模式。针对老年群体商业变现率低的特点，银发网红群体应当增加自身商业变现模式而不是局限于商品橱窗和广告植入；[②]应深度挖掘 IP 价值，创造个人品牌形象，多参与线下活动，通过加强与受众的互动来保证知名度；关注广告植入方式，以自然舒适的广告植入引起受众购物欲望；保证产品质量，注重售后和受众反馈，以增加受众的信任感；细化受众，对不同消费习惯和能力的受众进行针对性产品宣传；与此同时要探索同龄受众的商业属性，抓住老年群体的身份认同感发布相关话题，挖掘短视频平台的银发经济市场。

目前，银发网红短视频内容生态扩展还处于发展初期，虽然还存在不足之处，但是老年群体勇于融入数字媒介，探索银发市场，缩小数字鸿沟，本身是值得鼓励的。但我们在关注银发群体带来的社会效益和经济效益的同时，也要关注银发群体的身心健康，警惕无底线商业化行为，积极引导相关产业发展，建立健全相关法律法规，提升老年人的社会参与感和幸福感，构建银发群体新形象。

第三节　积极老龄化社会构建的重要内容

我国老龄人口的增长以及人口老龄化的持续增速，已成为不可回避的事实。过往，高龄群体常在传播过程中被赋予“待赡养的弱势群体”的刻板印象，这一方面使得高龄群体缺乏自我认同，另一方面易在青年、中年群体中形成“老龄歧视”的集体价值观，进而带来消极老龄化的趋向。当前，互联网技术的迅猛发展和新兴社交方式的不断涌现，为高龄群体搭建了积极展示自我、自由社交的新舞台。以此为背景，银发网红浪潮是消解社会消极老龄化趋向所必须把握的时代机遇。如何积极应对我国人口老龄化趋势，令短视频平台

① 刘向阳．“银发群体”的“数字化生存”：老年群体新媒体接触研究 [J]. 新闻爱好者，2021（7）：76-78.

② 刘向阳．“银发群体”的“数字化生存”：老年群体新媒体接触研究 [J]. 新闻爱好者，2021（7）：76-78.

银发网红发挥积极的社会作用，是社会共同的议题。

一、积极老龄化社会构建背景下的短视频内容生态

“积极老龄化”这一概念由“成功老龄化”“健康老龄化”递变而来，最早于1966年由世界卫生组织提出，并于2002年联合国第二届世界老龄大会中被写入《政治宣言》，成了世界性的议题与目标。“积极老龄化”的内涵在于，它要求社会整体以积极向上的心态看待老龄化以及衰老本身，消灭对于老年群体的年龄歧视，尊重该群体的人权，倡导让老年人以积极向上的姿态融入社会而不是被社会排斥。此概念的意义在于，其目标是使老年群体从社会边缘角色转变为社会发展运作的动力之一，而这为解决老龄化问题带来了新的思路。[①] 我国正在积极推动各项相关政策出台，我国现行的积极老龄化政策分为劳动力市场、养老金体系和医疗卫生体系三个方面，包括社区老年大学、农村养老保险、企业年金等方面的体系改革，但现阶段我国针对老年群体的互联网知识普及、大众传媒教育建设尚不够成熟，有待进一步完善。[②]

银发网红对于积极老龄化建设具有一定正面价值，如有助于驱散老年人的孤独感。较低的社会参与度是老年人产生孤独感的主要原因，社会参与强调的是人类作为社会成员，在集体中与其他社会成员建立联系，进而产生互动行为，这对人的认知和发展具有重要意义。由于老年群体已退出社会主要工作岗位，加之自身观念与青壮年群体存在代沟，部分老年人难以感受到自身的社会价值，易产生孤独感。我国老年群体呈现出较为明显的孤独感倾向，而这会导致心理问题乃至影响生命健康，中国人民大学于2016年公布《中国老年社会追踪调查》研究报告，其结果显示：全国老年群体中感到孤独的占24.78%，其中有约1.42%的老年人有较为严重的孤独感。[③] 老年群体的孤独感作为一种主观情绪状态，会显著降低他们的主观幸福感，严重时还可能从心理情绪层面发展为心理疾病，进而引发

---

① 陆杰华，郭冉．从新国情到新国策：积极应对人口老龄化的战略思考 [J]. 国家行政学院学报，2016（5）：27-34，141-142.

② 陆杰华，郭冉．从新国情到新国策：积极应对人口老龄化的战略思考 [J]. 国家行政学院学报，2016（5）：27-34.

③ 中国人民大学中国调查与数据中心．《中国老年社会追踪调查》研究报告 [EB/OL].（2016-03-04）[2021-08-05].http://class.ruc.edu.cn/info/1021/1017.htm.

一系列生理病痛，最终影响老人的生命质量。

银发网红的存在则在很大程度上起到驱散老年群体孤独感的作用，无论是成为银发网红获得网友关注与认同，还是观看银发网红的视频并与之互动，都能够提升老年群体的社会参与感，进而消解孤独。如曾经确诊严重抑郁症的农村退休老人晁攸庚，通过开设抖音账号“小顽童爷爷”，尝试进行换装秀、反串模仿等各种短视频创作，之后抑郁情况有了明显好转，他表示“拍视频是我的工作，一拍视频我就高兴。我想着有那么多人喜欢我，我能让那么多人高兴，我就可高兴”①。短视频平台促使老年群体内形成“网红—粉丝”社交圈，这加强了老年人与老年人、老年人与非老年人之间的线上交流互动，使老年群体提升了社交参与感，进而有了社会归属感。这种基于互联网产生的社会交往与陪伴关系，对于驱散老年人的孤独感、提升幸福感起着重要作用。

另外，银发网红还能打破外界对老年人的固有刻板印象。在数字化时代到来之前，老年群体的媒介形象建构往往处于相对被动的境地，在传播过程中被赋予“待赡养的弱势群体”的刻板印象，而银发网红参与到传播过程中，增加了整个老年群体的话语权和表达途径。银发网红借助短视频平台展示自身生活状态，弥合了老年群体的真实生活与中青年群体的固有认知之间存在的鸿沟。根据戴思晨进行的样本调查，在 46 个样本账号中，所有银发网红的抖音账号均使用本人的真实照片作为头像，大部分账号昵称中带有如“爷爷”“奶奶”等明显体现老年人身份特征的词汇，仅 9 个账号昵称中没有清晰的老年人身份信息，其中部分账号还会在昵称中加上城市、自身姓名等信息，起到进一步强调真实个人身份的作用。②除在昵称上体现老年身份特征外，银发网红所创作的短视频中展现的老年生理特征、个人爱好、生活经验等内容，无不是对于该群体生活状态的积极呈现与宣传。可见，银发网红主动突破年龄限制，展现个人真实生活细节，向社会传递积极、乐观的生活态度和正面价值观。银发网红不论是作为单纯的短视频内容创作者，还是以商业带货变现为目的，都能推动老年群体社交形象更加立体丰满，消解社会对该群体的刻板印象，对积极应对老龄化建设具有深远意义。

---

① 惠之 . 别出心裁，孝顺孙女帮抑郁症爷爷重获快乐 [J]. 伴侣，2020（5）：26-28.

② 戴思晨 . 积极老龄化视域下抖音银发网红自我呈现研究 [D]. 南昌：江西财经大学，2022.

二、面向积极老龄化社会构建的银发网红短视频内容优化

在创作主体层面，银发网红与中年、青年网红群体相比，创作条件上存在较大局限。一方面，老年群体由于身体机能衰退而不具备高强度、长时间投入短视频创作的体力与精力。另一方面，老年人自身文化素养与技术锻炼层面的缺失，使得该群体与数字媒体之间存在数字鸿沟。数字鸿沟的存在使得一部分 MCN 机构下的银发网红对机构整体运作不了解，由此在短视频创作中处于被动境地，无法在视频策划及拍摄制作方面真正获得主动权。部分 MCN 机构以商业营利为目的对银发网红进行过度包装和营销，易导致其建构起的形象夸张而奇观化，偏离该群体本身的主观意愿且与真实的老年群体形象产生越来越大的偏差。此类过度营销的银发网红所形成的奇观则存在引发老年受众形象焦虑的可能性，也会在非老年群体中形成新的刻板印象。

在创作内容层面，创作条件上的局限使得银发网红在内容产出上存在同质化乃至低俗化的趋向。以前文提及的抖音网红晁攸庚（账号昵称“小顽童爷爷”）为例，该创作者在运营初期会在出镜时戴上一顶小黄帽作为自身标志，后来为了避免审美疲劳，开始尝试身着“JK（女高中生）制服”短裙、露脐短上衣等与老年特征存在明显冲突的服饰出镜，此类行为非但未能提升视频传播效果，反而由于其审美低俗化而引发了部分网友的反感。创作内容质量的低下，一方面会导致银发网红的形象信誉降低，进而流失受众，另一方面不具备积极向上的价值导向，会对积极老龄化建设造成消极影响。

在创作平台层面，现行各类短视频平台均采取流量至上的算法原则，这既使得部分优质原创内容被淹没，又使得银发网红群体过度受流量收益驱使，大量跟风模仿。对热点和流量的追逐使得银发网红不得不延长在短视频平台的工作时间，压缩个人生活时间，他们渐渐演变为追逐热点的数字劳工。[①] 他们即使并不理解时下的网络热点，也需要套用热点话题，在视频中盲目迎合网友审美偏好，丧失了自我表达与展示的初心。

银发网红的出现为我国解决人口老龄化问题拓展了新的视角，对于践行积极老龄化理念具有重大意义。目前银发网红的发展，无论是作为创作主体的老年群体自身，还是其所创作的内容，抑或其依托的各大短视频平台，都尚存在进一步优化的空间。通过社会多方

① 吴鼎铭 . 网络“受众”的劳工化：传播政治经济学视角下网络“受众”的产业地位研究 [J]. 国际新闻界，2017，39（6）：124-137.

的协作与共同进步，银发群体与银发网红群体会更平稳有力地融入数字时代，有力助推并完善积极老龄化社会的建设。

第四节　基于短视频口语传播的社会多元沟通

我国银发网红现象成为一个不可忽视的传播现象、社会现象，本节结合短视频平台和银发网红的特点，探究两者在社会多元沟通中的新作用和新挑战。短视频平台和银发网红作为社会多元沟通的新窗口与途径，具有开放性、互动性、民主化和扁平化特点，为人们提供了更为灵活、直观、深入的沟通途径，促进了社会各界的交流和互动，推动了社会的多元化和包容性，但与此同时，短视频平台和银发网红也面临着虚假信息、算法推荐、个人隐私保护等方面的挑战。因此，本节将基于短视频平台和银发网红，围绕社会多元沟通相关问题以及沟通窗口与途径问题展开分析研究。

一、社会多元沟通视角下的银发网红短视频口语传播实践

通常，社会多元沟通是指发生在社会关系中的两个以上的社会实体通过常规环境（面对面的）或技术环境（电话、普通信函、电子邮件、微博、微信等）开展的知识、思想、感情、文化等方面的交流。社会多元沟通的意义在于，推动拥有不同文化、信仰、价值观和生活方式的人群的深入交流与理解，消解误解与冲突，增强各方的凝聚力和归属感，进而提升民众的素质，促进社会和谐。

在短视频平台和银发网红兴起的背景下，社会多元沟通方式日趋丰富。短视频平台主要通过短视频这一媒介形式促进社会多元沟通——借助视频主题与标签的精准设定，使用户能轻松找到与自己观点相近、兴趣相投的其他用户。[①] 与传统的文字交流方式相比，视频更能准确表达情感和背景，更具观赏性和娱乐性。此外，短视频平台还设置了点赞、评论、转发等互动功能，让用户能够及时了解到观众对自己的评价，促进了用户之间的互动

① 彭兰．移动化、社交化、智能化：传统媒体转型的三大路径 [J]. 新闻界，2018（1）：35-41.

和交流。银发网红在本质上也是通过上述方式实现与社会不同群体之间的交流，组成自己的社群和社会网络。在这个社群中，银发网红展示自己的生活和价值观，同时向其他用户传递自己的文化和经验，促进不同年龄群体之间的交流和互动。

近年来，短视频应用的迅猛发展推动银发网红现象持续演进，其数量显著增加，类型与内容也日趋多元。银发网红在短视频平台上的社会沟通实践具有以下基本特征：第一，热衷分享生活经验和价值观念。银发网红在短视频平台上向其他用户传递自己的智慧和资讯。通过短视频分享，银发网红更加形象化、生动化地表达自己的思想和感受，让更多用户可以更直观、更深入地感受和理解到他们的观点与经验。第二，强调真实性和互动性。在短视频平台上，银发网红希望通过短视频展示真实的自己，传递真实的情感，让观众更加深入地了解和认识自己。① 同时，银发网红通过点赞、评论等方式与观众进行互动和交流，了解观众反馈，这更好地促进了社会多元沟通。第三，关注当前社会热点话题。银发网红在短视频平台上也会关注社会热点话题，通过自己的观点和经验，向其他用户传达自己的思想和价值观念。他们的视频内容包含着对于时事、文化和社会的思考。第四，重视情感共鸣。银发网红在社交媒体上能够与粉丝建立更加密切的联系，最重要的是通过情感共鸣来连接粉丝。他们经常分享自己的经历，包括家庭、工作和社会生活中的喜怒哀乐，由此建立了长期稳定的粉丝基础。

二、短视频口语传播视角下银发网红多元沟通的问题

虽然银发网红成功跨越了数字鸿沟，在新媒体平台上积极呈现自我，实现了广泛的社交互动，但是由于其自身或者环境因素，银发网红在与社会各群体沟通交流时也面临着一系列不可避免的现实阻碍。

第一，传播者与受众年龄与阅历存在差异。短视频平台的主要受众是年轻人，而大多数银发网红的受众是中老年人，因此，银发网红在短视频平台上要想与更多的年轻人沟通，就需要克服年龄限制，但是由于双方在年龄与人生阅历上存在较大差异，银发网红的短视频内容面临着无法引发年轻受众共鸣的风险。例如，年轻人对于网络流行语都很熟悉，而银发网红未必熟悉这些流行语，这就需要银发网红积累更多年轻人关注的事物，加

① 刘向阳．“银发群体”的“数字化生存”：老年群体新媒体接触研究 [J]. 新闻爱好者，2021（7）：76-78.

深与年轻人的沟通交流。

第二，媒介素养的缺失。大多数银发网红年龄较大，对于新媒体和短视频软件的使用存在困难，其视频表达能力可能受到一定限制。制作的视频场景单一化导致内容单调，拍摄水平低影响画面质量，视频剪辑粗糙降低整体观感。传播者存在不同的认识偏差、个人喜好和利益趋向，且沟通通道存在障碍，信息在传输过程中被歪曲，导致信息失真，信息传播过程中异化现象较为严重，这一系列问题要求银发网红在短视频平台上做出更多努力，以在竞争激烈的市场中获得更多关注。①

第三，缺乏创新性制作。银发网红毕竟年龄偏大，部分视频的制作过程可能会更加烦琐，银发网红难以保持高产量生产。短视频平台用户有更多选择，并会不断追求新鲜有趣的视频内容，这就要求银发网红不断创新，不断推出社会大众感兴趣的内容，增加粉丝黏性和宣传力度，然而，大部分银发网红的创作存在单一性和同质化问题，如拥有数千万粉丝的“我是田姥姥”，其很多视频仅靠人物对话和字幕。“玫瑰女人”也主要通过分享女性生活来维持创作。

第四，银发网红与短视频平台存在矛盾。当前正处于短视频平台和银发网红矛盾多发阶段，直播流量、短视频侵权等容易引发争议的问题频现。短视频平台的泛娱乐化特性，导致观众在与银发网红沟通时易产生不信任甚至抵触心理。② 平台过度聚焦银发网红的单向表演与直播功能，难以有效发挥连接银发网红与观众的作用，社会多元沟通价值未能充分显现，最终在一定程度上流于形式。

三、短视频口语传播促进老年群体社会沟通

虽然短视频平台的银发网红与社会各群体沟通存在一定的困难与挑战，但是研究和分析较为成功的银发网红案例并让平台与社会各群体共同做出努力，也可以有效合理地解决这一问题。

平台与观众沟通不足、平台与银发网红沟通不足，都是社会多元沟通不足问题的原因。其一，沟通主体的互动性不强。信息从银发网红传递至接受者的过程中，必须严格遵

① 刘海明，马晓晴 . 断裂与弥合：“银发数字鸿沟”与人本主义伦理建构 [J]. 新闻爱好者，2021（3）：18-22.

② 黄晨熹 . 老年数字鸿沟的现状、挑战及对策 [J]. 人民论坛，2020（29）：126-128.

循短视频平台设定的层级结构，这不可避免地削弱了信息传递的时效性。平台及银发网红通常喜欢以求打赏等形式传播内容但不注意收集反馈结果，对受众建议不予回应，这一现象要求短视频平台不断对自身进行审视，加强与受众的沟通，从而完善平台规则，树立平台威信。这也要求短视频平台不断消除形式主义，减少烦琐步骤。

根据传播与沟通理论的学理解释，短视频平台和银发网红的传播可以在更大程度上归纳到依赖于大众传媒的大众传播中。现阶段平台体系的条块分割化、网红平台本位化、平台结构利益化等问题导致了信息传播的偏横向和内部性，纵向传播效率较低，组织和个人利益凌驾于信息传播的目的之上。[①] 为了实现社会多元沟通，平台、用户和公众需要共同努力，减少对组织和人际传播的依赖，增强大众传播的作用，实现信息的公开透明和有效监督，也可遏制一些负面影响，并利用信息技术促进信息传播的合理化和规范化。

银发网红作为公众人物，也应该承担起搭建社会多元沟通桥梁的责任，做到“活到老学到老”，而不只是将这句话的价值发挥在教育年轻人和学生上，如“只穿高跟鞋的汪奶奶”所展现的身材管理、“鮀城大叔”一反老年人的常态化生活，让受众眼前一亮，心生敬佩。作为生产者，银发网红也应该学会基础的视频创作方法，每一部作品都应该是自己观点的输出与表达，只有保证输出真实与真诚才能打动人心。有效和顺畅的社会多元沟通是建立良好人际关系、获得精神满足的重要途径。在短视频传播背景下，银发网红群体的涌现让我们认识到，只有通过社会多元沟通才能在平台和大众之间、不同系统间实现信息的高效传递，协调内部关系与利益，激发成员的积极性和主观能动性，统筹群体行动方向，同时增强群体和平台的凝聚力和向心力。由此才能促进社会各群体间的高效多元对话与沟通。[②]

---

① 禹卫华．从大众传播到社交媒体传播：经典传播理论模型的要素更新与边界拓展 [J]. 中国出版，2023（24）：25-33.

② 王丹蕾．参与与融入：社交媒体语境下的银发网红传播策略研究 [J]. 视听，2023（10）：131-134.

第三章

银发网红的角色扩展与塑造

第一节　生活记录类银发网红角色的塑造

本节选取抖音短视频平台粉丝数超百万、粉丝活跃度高、具有代表性的生活记录类银发网红账号，具体信息见表 3-1（以下数据来源于抖音短视频平台，统计时间截至 2024 年 2 月 7 日）。

表 3.1　生活记录类银发网红代表

序号	抖音账号	银发网红年龄 / 岁	粉丝数 / 万	作品数 / 个	获赞数 / 亿	是否加入 MCN 机构
1	我是田姥姥	77	3416.3	445	9.1	是
2	潘姥姥	66	3419.1	722	4.2	是
3	末那大叔	79	1526.9	201	2.9	是
4	冲浪达人阿怡	75+	1169.1	353	3.1	否
5	只穿高跟鞋的汪奶奶	84	1226.6	423	1.5	否
6	济公爷爷・游本昌	92	1338.2	205	1.8	否

一、生活记录类银发网红的媒介角色形象特征

第一，人物特点直观化。抖音短视频的个人主页包括账号名称、头像、简介、背景图、粉丝量、作品等内容，是用户呈现自我、展现自我的最直接形式，能够直观地展示个人的最突出特点，能够让用户通过文字、符号、图片来建构符合自己审美和期待的媒介形象。其中，账号名称、背景图、头像、简介彰显用户的身份特质，也影响着受众对抖音博主的第一印象，因此这些内容至关重要。银发网红通过不同的主页设置展示不同的身份特点与账号定位，其中头像多为本人照片或者与家人合影，如“蔡昀恩”账号，运营者是孙女蔡昀恩，视频主角为蔡昀恩自己的奶奶，该账号的头像与背景图均为二人的合照，二人笑容满面，亲和力强，奶奶的满头银发与孙女的黑发形成鲜明对比。简介“吃货奶奶的百岁哲学，吃好点儿，看淡点儿”，十几个字中蕴含多层信息：奶奶已经百岁，在互联网语境中较为少见；形象聚焦“吃货”，贴近生活，吸引观众；传递出来的价值观“吃好点儿，看淡点儿”，以一种松弛感启迪观众。

第二，衣着打扮反映差异化。银发网红的出镜穿着以日常服饰为主，契合老年群体的身份特征与家庭场景构建，体现了其朴实简单的晚年生活状态。日常着装看似千篇一律，实则暗藏细微差异，① 如田姥姥、潘姥姥、耀杨的姥爷等具有农村背景的老年人在服饰穿搭上比较随意，常出现的有背心、棉袄、布鞋等，妆容上不进行任何处理，展现了和观众身边老年人一样的质朴与真实。

账号“末那大叔”中的北海爷爷和“只穿高跟鞋的汪奶奶”中的汪奶奶在定位上偏重展现时尚精致的生活，因此重视服饰穿搭。北海爷爷身材高大，将一头银发打理得服帖整齐，常身穿西装三件套出镜，宛如 20 世纪的老绅士；汪奶奶身材纤细、妆容精致，常穿各式旗袍和长裙，气质出众。他们与以农村生活为主要创作内容的银发网红不同，穿搭与其时尚新潮的人设相呼应，展现出了一种反传统的老年生活态度。可见，衣着打扮的不同反映了账号定位差异及其背后代表的物质生活要求的差异化态度。

① 汪亚林，王小慧 . 框架理论下老年网红短视频的内容分析 [J]. 新媒体研究，2022，8（23）：113-116.

二、生活记录类银发网红的口语传播特征

第一，口语表达常使用方言。银发网红短视频中的语言虽以普通话为主，但受地方性语言风格影响，银发网红的普通话并不标准，常带有方言韵味。例如，账号“只穿高跟鞋的汪奶奶”中的汪奶奶在视频中说的是普通话，但观众能很明显地听出她的普通话中所带的江南地区韵味，如“suì”发音成“shuì”，以及“chū shēng”发音成“cū sēn”，这样的普通话并不影响观众理解，反而与观众身边长辈的普通话相似，在观众之间营造了一种亲近感。此外，部分银发网红因年龄及受教育程度限制不会说普通话而直接使用方言，如账号“我是田姥姥”中田姥姥使用东北方言、账号“蔡昀恩”中蔡昀恩奶奶使用四川方言，在后期加字幕不影响非此地域观众解读的前提下，浓郁的方言不仅营造出了地方感，更易获得地方观众的支持，让当地观众感到非常亲切并产生强烈认同感，还增强了短视频内容的娱乐性和感染力，传播了方言文化。

第二，口语表达常含亲切称谓。大部分银发网红以“爷爷”“姥姥”等亲属称谓自称，受众也套用相关称谓在评论区与之互动，此时银发网红不再是某个人的爷爷或姥姥，而是众多年轻受众的长辈。例如，在“济公爷爷·游本昌”的视频内容中和评论区，游本昌爷爷将观众称作“亲爱的娃娃们”，亲切的问候、慈祥的笑容给离开家人、在都市独自打拼的年轻人带来“家的温暖”，观众在观看视频时也不由得联想到自己的亲人，从而在心理上更加信任与亲近银发网红，这与我国传统的家庭观念密不可分。

三、生活记录类银发网红的角色魅力塑造

第一，通过反差感激发观众兴趣。老年群体在互联网语境中常常以弱者形象出现，围绕他们的常是思想守旧、难以接受新事物的“数字难民”刻板印象；然而，许多银发网红的涌现展现了全新的老年群体形象：不仅时尚，更充满哲理与活力。抖音账号“蔡昀恩”发布的奶奶出镜的第一条视频中，孙女蔡昀恩劝奶奶少喝不健康的可乐，银发奶奶爱喝可乐的反差感使该条视频迅速传播开来，并在短短几小时内就获得了上万点赞，点赞量和评论数等互动数据皆远超先前蔡昀恩发布的其他视频。此后，孙女蔡昀恩围绕奶奶的日常生活发布了大量视频。奶奶名叫喻泽琴，出生于 1920 年，四川成都人。喻奶奶虽然满头白发、满脸皱纹，但和因身心健康问题而选择居家的多数高龄老人不同，喻奶奶身体健朗，

精神状态也远超同龄人，她不仅爱喝可乐、白酒，爱吃火锅、零食，而且会在孙女的带领下去理发店烫头，做造型，去KTV唱歌，去夜市吃网红美食，保持着年轻的心态，尝试众多新鲜事物。戴着假牙的“百岁奶奶”竟是一名“吃货”，真实人物的特征与设定的角色形象形成鲜明反差，由此，视频赢得了网友的关注与喜爱。除此之外，还有账号“末那大叔”中的北海爷爷、账号“只穿高跟鞋的汪奶奶”中的汪碧云奶奶等银发网红，他们精神矍铄、身姿挺拔，凭借时尚的装扮与优雅出众的气质吸引了无数目光，完全看不出已是古稀之年的老人，如今他们的粉丝量均突破千万。这些银发网红冲破年龄限制，拓展了更具反差感的多元生活可能性，同时，一方面打破了既往大众基于年龄标准形成的刻板印象，另一方面为大众理解老年群体提供了窗口。

第二，真实性引发观众情感共鸣。真实性是生活记录类银发网红短视频区别于其他类型银发网红短视频的一个非常重要的特点。记录日常生活的短视频为观众构建了一个个真实性极强的生活场景，让观众更加愿意去相信这类银发网红短视频里所呈现的内容及其人设的真实性，进而产生更多的亲切感，从而有助于观众与银发网红产生情感共鸣。例如，抖音账号“蔡昀恩”中喻奶奶第一次吃花胶时，将花胶错认为是新品种的花椒，直言一点也不麻，由此讲到自贡的花椒，讲得头头是道，这样的“乌龙”是剧本所写不出来的，奶奶可爱、多话的形象由此鲜明地展现出来，令观众会心一笑。

第三，言行传递积极的生活理念。生活记录类银发网红通过对日常生活的记录展现积极向上的生活态度，他们以乐观积极、精神抖擞的面貌出场，打破了人们以往对老年人“衰老守旧”的刻板印象。北海爷爷、汪奶奶向观众展示了老年人也可以过如此精致时尚的生活，减轻了大众对变老的恐惧感；喻奶奶年逾百岁仍乐于尝试年轻人喜爱的活动与美食，传递积极的生活态度；潘姥姥给孙子制作了无数美食，展示了温馨美好的乡村生活，也治愈了无数观众。

四、生活记录类银发网红的角色塑造困境

老年群体身体健康问题是制约银发网红发展的重要因素。当前抖音平台上，流量颇高的8位银发网红中，平均年龄超过81岁，只有一名年龄未及75岁。高龄老人所面临的最直接的困境便是健康层面的挑战，不管是突发疾病还是自然死亡，都为银发网红账号的持续运营带来了不可控因素。2021年2月16日，抖音粉丝上千万的账号“耀杨他姥爷”发

布讣告，宣告姥爷王福祥于 2021 年 2 月 10 日逝世，享年 83 岁。此后，“耀杨他姥爷”更名为“姥爷的耀杨”，记录耀杨一家人的生活日常，然而随着账号核心人物姥爷的离开，账号粉丝数明显下降。可见账号核心人物的缺位对账号流量的打击之大，如何应对这种情况成为账号运营者必须思考与解决的问题。倘若账号运营者选择继续使用该账号，此后短视频创作中对过世亲人的提及需谨慎，如“姥爷的耀杨”，运营者耀杨选择继续使用该账号发布日常生活，其中包括向姥爷表达思念之情的数个视频，被网友质疑通过消费过世亲人来吸引流量。

银发网红难以像其他网红那样通过参与各类线下活动获利，因此银发网红账号的变现方式主要为产品植入和直播带货。产品植入对账号运营团队的原创能力与银发网红的表演能力有较高要求。根据表 3.1，签约 MCN 机构的银发网红数量并不多，MCN 机构能为银发网红提供成熟的创意、脚本、拍摄设备，没有签约 MCN 的银发网红账号往往由其亲人运营，无法在专业度上与 MCN 机构并肩，因此在短视频中自然地植入产品的困难较大。直播带货脱离了短视频剧本，对银发网红的表现力、表达力要求更高，许多银发网红无法建立对品牌及产品的全面认知，更难以在长时间的需要耗费大量精力的直播过程中自主向观众介绍产品，往往只起到作为“吉祥物”吸引流量的作用，真正进行带货的主播则是一旁专业的助播。除此之外，适合银发网红带货的产品品类也有限制，如美妆品类便很难通过银发网红推广，老年人使用美妆产品无法激起观众购买欲。综上所述，银发网红变现渠道单一，变现能力也低于其他网红，如何将流量变现成为银发网红账号运营的一大难题。

定位为年轻人传播文化的平台的抖音在银发网红加入后出现了文化杂糅的情况，伴随着新媒介操作难度的降低，一直以来游离在数字技术边缘、面对着数字鸿沟的老年人，拥有了重新跟上节奏的契机。一方面，老年人在互联网上开启他们的“第二人生”；另一方面，银发网红也让中国互联网的互动场域变得更有层次、更加成熟，可以说互联网改变了老年人，与此同时老年人也在改变互联网。

第二节 专业类银发网红角色的塑造

本节探究银发网红角色塑造及角色扩展中的口语传播现象，以账号“我是田姥姥”为例进行深入分析，笔者发现口语传播在银发网红的角色塑造和角色扩展中起着非常重要的作用。通过观察“我是田姥姥”的发展历程和口语传播策略，笔者发现口语传播的幽默、自嘲和亲切的语言风格对角色形象塑造和品牌建设有显著影响。与此同时，网友的参与和反馈对于角色扩展至关重要。网红通过与网友互动、倾听意见并不断调整表达方式和内容选择，可以进一步扩展角色形象。此外，通过社交媒体平台的传播，“我是田姥姥”成功扩大了网友群体，并与网友建立了情感联结。然而，本研究存在一些局限，包括样本局限性和对口语传播策略的深入分析不足。未来的研究应进一步探索不同银发网红的口语传播策略、网友参与和反馈的动态过程，并关注其他社交媒体平台的作用。

随着社交媒体的兴起和数字化技术的普及，网络平台上涌现了各种类型的网红，其中就包括银发网红。银发网红在近年来逐渐受到关注，他们通过自己的独特魅力和表现形式，在社交媒体平台上积累了大量粉丝。其中，“我是田姥姥”中的田姥姥以幽默风趣的口语表达和个性化形象赢得了人们广泛关注与喜爱。银发网红的角色塑造与扩展是一个备受关注的领域，了解口语传播特点对其角色塑造与扩展具有重要的学术价值和实践意义。

一、专业类银发网红角色的特点

本文以银发网红角色塑造与扩展为研究对象，以“我是田姥姥”为例，通过分析其角色形象塑造和扩展过程，发现口语传播在其中产生了显著影响。通过幽默、自嘲和亲切的语言风格，“我是田姥姥”成功塑造了亲近、可信赖的田姥姥形象，与网友建立了紧密的情感联系。另外，网友的参与和反馈对于角色扩展至关重要。“我是田姥姥”通过与网友的互动，倾听他们的意见和建议，不断调整自己的表达方式和内容选择，进一步扩展了角色形象。此外，社交媒体平台为角色扩展提供了广阔舞台。“我是田姥姥”充分借助社交媒体平台的特性，在各大平台积极互动与传播，让口语化内容迅速扩散并赢得更多曝光，进一步扩展了角色形象和受众群体。

第一，个性化 + 专业化打造辨识度。2019 年 11 月，田姥姥加入了抖音短视频平台。其凭借性格和年龄上的反差，以“话多且密”的独特搞笑风格瞬间走红网络，成为抖音 TOP8 红人，被网友称为“国民姥姥”。田姥姥以幽默搞笑形象示人，通过夸张的表情、搞笑的口头禅和滑稽的举止在视频中营造轻松愉悦的氛围。内容层面则以祖孙之间的搞笑故事为主，呈现一出出家庭式喜剧。其标志性的“突突突”式对话、自带喜感的东北口音，加上真实接地气的农村生活场景，极易引发网友共鸣。此外，田姥姥的形象和风格不仅限于在视频平台上展现，还出现在了社交媒体上。她在微博、抖音等平台上积极与网友互动，通过文字、图片和视频等形式与网友分享生活中的点滴和感悟，进一步加深了网友对她的认知和喜爱。“我是田姥姥”在人设、内容、服饰等方面有清晰的定位和极高的辨识度，不同于满大街的网红脸，农村老年人的打扮在帅哥美女众多的抖音平台上可谓是特立独行，这一点牢牢抓住了网友的目光，再搭配上搞笑的剧情，田姥姥的形象被塑造得更加立体丰满。

第二，方言化+流行性助力形象塑造。“我是田姥姥”个性鲜明的形象具备两大特征：其一，风格幽默，田姥姥通过搞笑的语言和幽默的表演来吸引网友，经常运用夸张的语调、滑稽的肢体动作以及幽默的台词来制造笑点，点燃网友的情绪。其二，地方特色明显，她在口语传播中注重展示地方特色，强调自己的乡土身份和地方文化，使用方言和独特词汇，使网友产生一种亲切感，使网友感到她是一个亲近的“邻居”。其视频大部分是与孙子合拍的内容，孙子代表的是年轻文化与流行元素，因此视频内容也能合理融入流行文化元素，以便更能在相似的文化语境中与网友建立共鸣，强化她在口语传播中的时尚和潮流形象。地方特色幽默形象与流行视频内容的结合，使她与网友建立起了亲密的联系，大大增强了她的影响力和号召力。

第三，认同感+互动性加强情感联结。“我是田姥姥”通过强调地域认同、年龄认同以及与网友的正向互动、价值观认同来建立与网友之间的情感联结。地域认同上，田姥姥依托地方性身份，强调地方文化特色。她运用方言、富有地域特色的故事与传统习俗，拉近网友与这片土地的距离，唤起共同的文化归属感。这种地域认同感唤起了网友对她的情感共鸣和支持。在年龄认同方面，田姥姥以银发网红的身份出现，不仅因与同龄网友分享相似的生活，与网友建立起了一种同年龄群体之间的情感联系，进而获得他们的认同，还因视频内容出现与孙子的互动，吸引了年轻网友的关注，进而与年轻网友产生更多情感共鸣。在与网友的互动方面，田姥姥善于与网友互动，其通过回应网友留言、参与互动问答等方式与网友建立情感联系，增强了网友的参与感和归属感。在价值观认同方面，田姥姥在口语传播中表达自己的价值观和人生态度，如关注家庭情感、传统文化等。她传递积极向上的正能量，引发网友广泛认同，与网友实现了情感共融与共享。网友的角色认同和田姥姥与网友的情感联结，是田姥姥通过口语传播塑造形象、构建影响力的关键要素。

二、口语传播对银发网红角色扩展的影响

第一，口语传播助力网友参与和反馈。“我是田姥姥”注重网友的参与和反馈，在口语传播中鼓励网友积极参与，通过评论、留言和分享等互动方式与网友建立联系。“我是田姥姥”倾听网友的意见和建议，根据网友的需求调整内容和表达方式，进一步满足网友的期望，促进角色形象的扩展和深化。

第二，口语传播助力角色形象和品牌的塑造。口语传播在银发网红角色塑造和品牌建设中起到了关键作用。“我是田姥姥”通过口语传播成功塑造了独特的角色形象。田姥姥运用幽默、自嘲和亲切的语言风格，树立了一个亲近、可信赖的形象。口语传播中的语言技巧和表达方式使她与网友建立了深厚的情感羁绊，进一步巩固了她的品牌形象。

第三，基于社交媒体平台助力角色扩展。社交媒体平台对“我是田姥姥”账号的角色扩展起到了重要作用。田姥姥活跃于各大社交媒体平台，利用平台特点与网友互动，通过发布视频，直播互动及设置互动问答等多种方式，成功吸引了大量网友的关注与积极参与。社交媒体平台为她提供了广泛的传播渠道，使得她的口语传播能够迅速扩散并获得更多曝光。同时，社交媒体平台也为她提供了与其他网红合作的机会，进一步扩展了她的角色形象和粉丝群体。

可见，口语传播对银发网红角色扩展的影响是多维的。网友的参与和反馈、口语传播对角色形象的塑造与品牌建设的影响，以及社交媒体平台的作用都为银发网红提供了机遇和平台。田姥姥通过与网友互动，积极倾听他们的意见和建议，并根据网友反馈不断调整自己的表达方式和内容选择，进一步扩展和深化角色形象。口语传播在塑造角色形象和品牌建设方面发挥了重要作用，通过幽默、自嘲和亲切的语言风格，“我是田姥姥”成功塑造了一个亲近、可信赖的形象，与网友之间建立了深入的情感联结。社交媒体平台为角色扩展提供了广阔舞台，“我是田姥姥”利用社交媒体平台的特点，在各大平台积极互动和传播，使田姥姥的口语传播内容迅速扩散并获得更多曝光，进一步扩展了角色形象和粉丝群体。

第三节　直播带货类银发网红角色的塑造

随着直播技术的成熟与直播购物趋势的蓬勃发展，当前，我国已迎来电商直播的全民时代。值得关注的是，在各大直播间，不仅有青春活力的年轻人，还有许多白发苍苍的老年人参与到了这场热潮中，成为带货主播。一批在技术积极赋权下进行自我呈现和展演的银发网红，即基于自身特质而引发网民广泛关注的60岁以上老年群体，开始活跃于各大直播平台，通过圈层粉丝影响力和社会信任资本的累积，并对接相应的品牌合作方，形成构筑起银发网红与粉丝消费之间桥梁的新兴营销模式。① 他们大多利用自身的特质创作内容，积累了一定数量的粉丝和社会信任后，便通过直播带货的方式变现，打造了规模可观的银发网红经济市场。在老龄化问题严重的当今社会，银发网红的出现不仅刺激了银发经济的良性发展，还彰显了老年群体的良好精神面貌。正如抖音博主“只穿高跟鞋的汪奶奶”，她拥有与自己年龄完全不符的样貌与气质，在直播带货过程中不仅获得了可观的销售成绩，还得到了诸多品牌合作方的认可。

目前，抖音平台上进行直播带货的银发网红的角色类型多样，带货风格天差地别，直播成效也截然不同。年轻网红一场直播的销售额可轻易破亿，相比之下，银发网红的直播收益尚显微薄。然而，不可否认的是，该行业正处于迅速崛起阶段，未来前景广阔，堪称一片“蓝海”。当然，作为新兴市场，银发网红直播带货过程中涌现了诸多问题。本节聚焦抖音平台，从角色类型谈起，以三个典型的银发网红账号为案例，将带货直播间的银发网红分为三种类型：“自信优雅型”“以诚待人型”“机械博情型”，分析目前银发网红直播带货中出现的问题，并分别从平台、银发网红和消费者的角度提出可行的改善意见，以期为该行业未来的健康可持续发展提供参考。

一、直播带货类银发网红的角色类型

精致优雅的奶奶、潇洒帅气的大叔、亲切慈祥的姥姥、真诚朴实的爷爷，他们中大多

---

① 田明和 . 现实困境与优化进路：对银发网红直播带货“热”的“冷”思考 [J]. 新闻研究导刊，2022，13（20）：19-21.

数人的账号由 MCN 机构管理。也有一部分老人在家人的帮助下打造个人 IP；然而，无论是哪种类型的银发网红，他们都与其他年龄段的网红一样，为了吸引更多流量进行变现，需要打造独属于自己的“人设”类型，以满足用户的不同需求。本节将进行直播带货的银发网红大致分为下列三种角色类型，以示分析。

第一，自信优雅型——“只穿高跟鞋的汪奶奶”。不同于大多老人带孙辈、做家务的日常，一些老人在晚年不受世俗约束，坚持追求自己想要的生活，并将自己这种与同龄人截然不同的生活方式、独树一帜的人生态度拍下并上传至网络平台，圈粉无数。无论是在日常的视频中还是在直播间里，他们都表现得自信优雅，与同龄人形成强烈反差。相应地，他们在直播中售卖的商品也大多为高附加值产品，如化妆品、保健品、服装、书籍等。这一类型的头部代表性主播为“只穿高跟鞋的汪奶奶”，汪奶奶学舞蹈出身，她从容大方、体态优雅，拥有着像年轻人一般的身体状态和生活方式。她日常发布的视频以舞蹈、换装、情景短剧为主，依靠颜值和心灵鸡汤大量吸粉。网友的留言大多数是夸赞，表达羡慕之情。

汪奶奶几乎每天早上都会直播分享自己起床后的生活日常，她直播带货的频率并不高，但每场的成绩都非常优秀。2020 年 3 月，汪奶奶的直播首秀就取得了 470 万销售额的好成绩，因此她也被誉为“老年版薇娅”。在直播间里，汪奶奶像往常一样穿着优雅、打扮精致，露出标志性的微笑，显得落落大方。在口语传播方面，汪奶奶个人表达的空间较小，语气也较为平淡，这一点符合她自身优雅的人设。对于商品的“强势输出”，主要由一旁的助理来完成，汪奶奶偶尔会讲述“鸡汤式”的话语给网友带来关怀。另外，其所处的直播环境也经过了精心布置，摄影棚的场景、灯光皆是以呈现主播最好的状态为目的的安排。汪奶奶所属的八爪鱼文化公司的 CEO（首席执行官）安东肥曾表示，团队提前半个月就开始准备这场直播，选品也耗费了大量精力。他说：“产品必须是有知名度、有市场份额的品牌，在各种平台的口碑也不能有负面。”① 一直以来，汪奶奶带货的产品主要是化妆品、保健食品、女性用品。调查显示，汪奶奶的粉丝主要是追求精致生活的年轻女性，她们渴望与汪奶奶产生共鸣。从中可以看出，网红形象、带货选品、粉丝需求三者达成了高度一致，不仅促进了销售，还强化了汪奶奶的形象特点。值得提出的是，现在汪

---

① 覃澈 . 银发族杀入直播带货！只穿高跟鞋的汪奶奶是这样打造的 [EB/OL].（2020-06-20）[2025-08-12]. https://m.bjnews.com.cn/detail/159257384815506.html.

奶奶直播带货的内容主要转移到了自己女儿的抖音账号“汪奶奶的女儿（左宗云）”上，“只穿高跟鞋的汪奶奶”账号专注于内容输出，有效防止了对汪奶奶日常生活感兴趣的粉丝因直播带货而感到不满。

除了汪奶奶，这一类型的银发网红还有退休天团“乐退族”，他们的特点均为穿搭时尚、思想开放、自信大方，间或以老者的姿态向年轻人传递人生哲学。在直播间，他们和年轻主播相比并不逊色。在口语表达方面，他们的谈吐更显露出知书达理、饱经世事的气韵，拥有语言美、修辞美，以及表达美。他们带货的产品也多属于精品，让消费者在体验到品位跃升的同时获得精神上的满足。综上所述，“自信优雅型”的银发 IP 虽打造门槛较高，但整体粉丝黏性较强，基于人设选择带货产品也是符合消费者心智的变现路径。

第二，以诚待人型——“空港杏奶奶生鲜店”。这类银发网红走的是真诚路线，他们的形象符合大众心目中对于老年人的设定：慈祥、真诚、淳朴、善良……他们的形象往往令人联想到自己的祖辈，因此他们对用户而言就会形成一种天然的亲切感。这些银发网红直播售卖的产品以价格实惠的食品、日用品为主。在这种走亲民路线的银发网红账号中，“空港杏奶奶生鲜店”是非常“出圈”的。“杏奶奶”原名崔淑侠，是陕西省空港新城的一位卖杏子的老年人。抖音开播三年以来，她成为空港新城太平杏的代言人。在她的带动下，当地杏农纷纷做起了直播，实现了收益翻倍。

受杏子成熟时间影响，杏奶奶的直播时间主要集中在每年的五月中旬到六月下旬，直播间偶尔还会带货西红柿、甜瓜等其他当地农产品。在直播间，杏奶奶总是坐在一个简易的棚内，用地道的陕西话流利地介绍杏子的品相、口感、作用等内容，强调杏子价格实惠，可以用来送人，偶尔还会介绍太平镇种植杏子的悠久历史和自己种杏的故事，对于用户的提问，她也会及时解答。总体来说，她的语言表达比较平实质朴，没有太多的套话和修辞。在肢体语言上，她偶尔会剥开杏子试吃并向镜头展示杏子的好品质，可见她对自家产品的自信与自豪。她直视镜头，手舞足蹈，滔滔不绝，给人以强烈的对话感和现场感，虽然许多用户听不懂她的陕西话，但依旧能从她的肢体语言中感受到热情和真诚。此外，她的形象宛如普通人身边随处可见的长辈，将观众带入一种拟态环境，不少网友留言：“奶奶太可爱了”“希望奶奶永远开心健康”。可以说，杏奶奶的形象加上商品本身的实惠价格，共同促成了消费者购买行为。类似杏奶奶的带货银发网红数量较多，如在农村自娱自乐并卖些农产品和小玩意的小顽童爷爷，擅长做菜并推荐相关食材的陕西老乔，以及精通家务、售卖日常生活用品的“岁月妈妈”等，不一而足。相较于汪奶奶那样的精致，以诚待人型 IP 的塑造门槛相对较低，其走红概率存在不确定性，加之可替代性高，其粉丝黏性就会相应较弱，但此类 IP 在拉动当地经济、传递地方文化等方面都起着显著作用。

第三，机械博情型——“赵老汉百货超市”。无论是精致的还是朴实的，上述两种类型的银发网红都能够较好地融入互联网，基本了解直播带货的机制，拥有流畅的口语表达能力，可以说，他们拥有传统的直播带货的基本素养；然而，还有一类银发网红走着截然不同的路线，他们似乎并不明白自己在直播什么、自己应该做什么，只是受制于某些外界因素参与到这场新潮的游戏中。在直播间，他们通常表现为机械地拿起一件件商品并进行展示，念着几句固定的台词，没有多余的肢体动作，对于观众的留言也较少回应。他们售卖的大多是价格极其便宜的小商品，而观众做出消费行为也往往是出于对老人的同情怜悯。这一类型的主播不在少数，其中较为典型的例子是“赵老汉百货超市”，IP 主体是河南年逾 70 岁的赵德文。在账号开设早期的时候，点入他的主页，便可以看到他家庭状况不佳的介绍。

与杏奶奶一样，赵老汉同样有一口浓重的方言，但与前者的妙语连珠不同的是，赵老汉面对镜头可以说是几乎没有流利口语表达能力，他总是扯着嗓子、语速极慢地念着一件件商品的名字、价格，随后加上一句“欢迎大家下单”，没有任何其他话术和技巧。赵老汉的直播每天如此，每次都要循环往复数个小时，让人觉得仿佛在重复观看一条视频。同时，直播间配上了抒情伤感的背景音乐，以及家庭情况不好的介绍。有关摄影棚，先前爷爷的直播环境是一个年久失修的农村老屋，现在已经有所改善。在上述这些条件的营造下，直播间充斥着一股悲情的氛围，网友纷纷留言表示“爷爷注意休息”“爷爷要是被绑架了就眨眨眼”。像“赵老汉百货超市”中赵老汉这般表达寡淡的银发网红还有许多，他们的直播间几乎如出一辙：成堆的杂货、简易甚至破败的环境、不善表达的老年人、长时间的直播。在直播带货行业内卷加剧的背景下，这一派银发网红以躺平的姿态成为一股清流，同样吸引了一大批观看者；然而，这种直播带货方式也引来了很多网友的怀疑：老年人真的是自愿的吗？他的子女去哪了？直播又是谁帮他弄的？这类银发网红背后的真相令人难以捉摸。

二、直播带货不规范问题对银发网红形象的影响

尽管目前正处于银发网红直播带货的蓬勃发展期，但在过程中还是显露出各种各样的问题。其中有直播带货领域普遍出现的问题，也有专属于银发群体的问题。

第一，超负荷直播及人设焦虑剥夺老年群体身心健康。接触数字网络，借助社交媒体消遣娱乐与自我展示，本是老年人丰富自我生活，进行积极再社会化的一个方式；然而，无论是主动为之还是被迫营业，为获取更多的流量和利益，一部分银发网红进行长时间、高频率的直播。对于年轻主播来讲，这都是一份极具挑战性的任务，更何况放在一位 70 多岁的老人身上。根据美国睡眠基金会推荐的睡眠时间，65 岁以上老年人最佳睡眠时长在 7~8 小时，并且应该在晚上 10 点前入睡；然而，许多银发网红不得不迎合年轻人的作息习惯，选择在深夜直播。此外，由于直播带货往往要求主播久坐，并做重复性动作，说重复的话，长此以往，不仅会对老年人的身体健康产生危害，还可能会影响他们的精神状态。

一部分银发网红作为相较于同龄人更加突出的存在，也可能会被自身人设所绑架，从而产生负面情绪。稳定的人设可以吸引来更多的粉丝，而大多数的粉丝也希望主播拥有稳定的人设。根据查尔斯・霍顿・库利提出的镜中我理论，人会在社会交往中形成对自我的认知。数据的增长、粉丝的反馈、长期的直播效益让银发网红越发相信自己应该更努力成为人设中的自己，然而这种想法本质上是互联网信息过载对个体的无形压迫，不仅可能诱发焦虑，更会侵蚀老年群体的心理健康。一旦银发网红的人设不符合个别观者的预期，银发网红还可能会遭遇网暴事件，被推至风口浪尖，这无疑会对个人的名誉和精神健康造成极大伤害。

第二，带货规范缺失导致“翻车”事故频发。大部分银发网红年事已高，使用互联网的能力和精力都十分有限，他们往往将出镜以外的其他带货产业链流程委托给 MCN 机构或子女全权代理。因此，这些幕后代理人承担了十分重要的责任。一方面，他们需要对账号 IP 以及产品进行宣传包装，保证品牌的曝光度，提升直播带货效益。另一方面，他们要严格把控产品质量，保证 IP 的合法合规运营，提升 IP 口碑，并优化消费者的购物体验，以此增强粉丝黏性。但在银发网红带货过程中，发生了一系列“翻车”事件，虚假宣传、篡改数据、产品质量堪忧等不规范带货现象频发，不仅大大透支了银发网红的信用额度，还损害了消费者的合法权益。例如，拥有约 1200 万粉丝的美食类银发网红账号“陕西老乔”就曾经被曝出带货的宽粉、藕粉等产品出自不知名的小作坊，并存在添加剂超标

的问题。“只穿高跟鞋的汪奶奶”也被网友发现在某场护肤品直播过程中篡改销售数据，打着饥饿营销的噱头，实则营造了虚假繁荣的景象。头部银发网红频繁“翻车”，其他级别的银发网红带货行为之规范性，无疑更值得深入探讨。

第三，上演苦情戏，用情感代替口语传播。现实中，老年人因身体机能衰退、就业困难及难以适应社会发展，已成为弱势群体。若再背负疾病、抚养孙辈、留守农村等标签，更易唤起人们的同情心。一部分老年主播或其幕后代理人便瞄准网民心理，将老年群体的弱势进行无限放大，甚至捏造事实，采用煽情卖惨的戏码。在苦情戏中，产品被放在了次要位置，主播根本不需要对其进行介绍，甚至不用开口说话，只要举一块牌子。观众就会在情感因素的推动下进行消费，忽视了对主播水准的考察和对产品本身的选择。此类卖惨的戏码无疑为直播带货者提供了一条躺平路径，拉低了整个行业的门槛和水准。

此类银发网红直播内容同质化严重，常见老年主播静坐于破旧屋内，少言寡语，直播间内直接展示老年人的凄凉生活。这些老年人来自不同的地方，拥有不同的人生，售卖不同的商品，但他们拥有同样的生活处境——惨，无论是子女去世，还是老伴生癌，或是实在没钱抚养孙辈，他们都毫不吝啬地将自己最惨的一面暴露给大众，以期大家献出爱心。尽管老人拥有悲惨的家境可能是事实，然而这种行为无异于“网络乞讨”。一些银发网红在获得足够资金并改善家庭情况后，却不肯放弃这种简单轻松的赚钱方式，长期消费粉丝情感。更为严重的是，有些银发网红被曝出其实际生活状况和直播中表现的惨状截然不同。2022 年，某博主就曾实地探访一个自称“家境贫穷，儿子患癌，儿媳跑路，只留下一名 5 岁孙子需要自己抚养”的银发网红，发现的真相是，这个老年人家里有车，儿子根本没有患癌，甚至没有结婚，5 岁的孙子也是从别人那里借来的。无奈之下，老人承认了自己委托专业团队运营抖音，只为赚点钱改善家境的真实情况。一旦真相被揭开，人设就立不住了，粉丝也化同情为愤怒。在互联网直播平台，如果这种情况持续发酵，就会给整个社会带来信任危机。

三、直播带货类银发网红形象优化

针对上述银发网红在直播带货过程中出现的问题，笔者从平台、银发网红、消费者（粉丝）三个层面提出以下建议。

第一，平台管理和平台扶持共行。目前，抖音平台对于直播间的管理规则已经较为完备，如严禁回放视频、虚假宣传、演戏炒作、卖惨带货等，否则会依据违规程度处以限流、罚款、停播、封号等处罚。根据银发网红的发展现状，平台也应出台一些针对老年主播的专门细则。例如，超过一定年龄的老年人直播超过一定时长就会被限流，以激励老年人在保证身体健康的情况下直播带货。此外，在银发网红的直播间中，平台还可以为用户设置快捷鼓励词以及违禁词，以营造直播间良好氛围，保护银发网红的身心健康。在直播带货产品的监管方面，针对银发网红不了解相关规则、不善于处理售后问题的特性，平台可以设立专门的投诉渠道，使其成为消费者和银发网红之间的“中间人”。平台还要对首次出现问题的银发网红进行科普教育，对屡次犯错者进行严惩公示，从而维护银发经济市场秩序，保障消费者权益。在加强监督管理的同时，平台还要主动扶持优秀的银发网红，为老年人能够更好地融入互联网提供鼓励与帮助。抖音可以对能够生产出优质内容的银发网红进行流量扶持，让更多人感受到银发榜样的力量，另外，平台也可设立银发视频专区，筛选并展示老年人积极阳光、热爱生活的样貌，减少年轻人对于银发群体的刻板印象。

第二，诚信营销和专业带货并进。银发网红直播带货的有序发展不仅需要平台的监督管理，更离不开其自身的提升。首先，无论是从道德的角度还是从行业规范的角度来看，银发网红都应秉持诚信原则，不凭空捏造身世，不对产品进行虚假宣传。对于初创的银发 IP，应该率先挖掘自身的闪光点，选定口语表达风格，确立正面的人设，并且站在消费者的角度对带货产品进行功能和性价比的考量，以迅速积累粉丝和口碑。对于头部有较大影响力的银发网红，更应发挥榜样的引领作用，不仅要约束自己的一言一行，还要对产品的质量进行严格把关。毕竟，站在高处就会被无数双眼睛监督，头部的银发网红一旦“翻车”，不仅会影响个体主播，也会影响社会大众对于银发网红的整体信誉。

此外，对于上述的带货直播间内容低俗、同质化严重的问题，银发网红应积极学习直播基础知识，提升带货能力。一方面，要增强直播间的场景打造力度，注重主播形象设计，保证基本的硬件设施，提供舒畅的购物体验。另一方面，作为老者，银发网红仍应秉持活到老学到老的原则提升口语传播能力，挖掘具个人特色的语言表达风格，同时练习如何对产品进行详细介绍，减少套路化、模式化的话术使用，突出以老者身份为特征的话语表达。同时，银发网红应加强与直播间观众的互动交流，以增强消费者的沉浸式体验。在直播间之外，也可以建立粉丝群，与粉丝进行日常交流，增强粉丝黏性。

第三，感性享受与理性选择并驾齐驱。消费者往往期待从抖音平台上获得自我需求的满足，无论是消磨时间、娱乐还是渴望从中学到新的知识，大家都希望在刷抖音的过程中获得精神上的享受。诚然，积极向上的银发网红能给人带来积极向上的精神享受，引导人们进行健康向上的消费行为，如“只穿高跟鞋的汪奶奶”中的汪奶奶，便向大众传递着优雅之美，“我是田姥姥”中的田姥姥则能用她的爽快幽默逗乐大家，粉丝能够在放松的心情下自由购物；然而，还有许多走另类路线的银发网红通过低俗化、审丑化、卖惨的方式进行直播带货，也给人带来了感官上的刺激，进而促进了消费，而这种刺激的本质是迎合了人的低级趣味，或者绑架了大众的同情心。此类直播内容不仅会造成非理性的消费，长期观看还会导致审美降级、情感泛滥等问题。因此，作为消费者，应该在愉快“冲浪”的同时保持理智，警惕被恶俗内容牵制。

在老龄化问题严重的当今社会，银发网红的出现无疑是老年人积极融入社会，追求高品质老年生活的好兆头。与传统网红直播带货相比，银发网红直播带货作为一个正在蓬勃发展的产业，拥有内容差异化的天然优势，能够大幅度刺激内需，带动银发经济的迅猛发展。目前，进行直播带货的银发网红已遍地开花，他们根据自身的特征打造出各种各样的人设来吸引粉丝，获得利益。目前，该行业仍存在着伦理、道德、规范等多方面的问题，对此，平台应该加强监督管理，并对银发网红进行教育培训与流量扶持，而银发网红自身也要努力提升口语传播能力并学习直播相关知识，争取为消费者带来更好的购物体验，消费者应享受直播乐趣的同时保持理智，远离低俗、虚假信息。相信未来在平台、银发网红、消费者等多方力量的共同努力下，银发网红直播带货的市场氛围将更加和谐，而银发群体也能更好地融入互联网生活。

第四章

从入门到“网红”：短视频 IP 塑造的口语策略

第一节　基于口语传播的银发网红形象塑造

“新媒体时代，短视频平台凭借着信息碎片化、社交属性强、易操作的特点成为一种新兴的娱乐社交方式，影响着人们的生活。抖音短视频突出重围，成为一款广受欢迎和喜爱的社交应用软件，为网络大众提供了展示自我和参与社交的平台。”① 本节以银发网红的代表者——抖音账号“王大姐来了”为例，探究口语传播策略在塑造银发网红形象中的作用，并针对银发网红的口语传播策略提出建议。

抖音账号“王大姐来了”由三位老年 rapper，即王大姐、秀荣和老郭组成，她们开创了独具特色的美食 + 说唱模式，在抖音平台上广受欢迎。2022 年年初，“王大姐来了”发布了第一条音乐视频，即说唱版的《你要结婚了》，用抹眼泪、炫酒等动作表达了一个人失恋的状态。除此之外，rap 自身的音乐特征和人物搞怪、反差的装扮则使原本悲伤的歌曲充满了喜剧色彩。随后，“王大姐来了”进行原创音乐、情景喜剧等多种尝试与持续性创作，逐渐形成了美食制作 + 老年说唱的特色风格。

“短视频是从民间文化走向公共传播的，它从一开始就是以‘生活化’为其底色，进入公共化传播后，生活化也是一种基本的表达策略。”② 在短视频 UGC（用户生成内容）呈

① 陈乾 . 抖音短视频“银发网红”的媒介形象塑造研究 [J]. 新媒体研究，2021（1）：66.

② 彭兰 . 短视频：视频生产力的“转基因”与再培育 [J]. 新闻界，2019（1）：34.

现井喷式发展的趋势下，“王大姐来了”抓住了短视频发展的时代契机，在内容打造方面发挥音乐、视频制作团队的优势，以高度生活化的人设从银发网红群体中脱颖而出，获得了受众的一致喜爱。

一、日常化的真实形象塑造

王大姐、秀荣、老郭是北京密云农村的三位农民。她们文化程度不高，过着日出而作、日落而息的耕作生活，而三人的友谊也正是在这样的耕作生活中逐渐变得深厚。在王大姐儿子、音乐制作人任继鑫的支持下，“王大姐来了”逐渐确定了展现农村生活、走心说唱的账号定位。① 正是这样，由任继鑫编导、三位大妈出演的说唱短视频瞬间斩获大批粉丝。

三位大妈将自家院子、果园等作为“练习室”，通过说唱来讲述地道的美食制作方法和人生往事。她们的服装和外貌都保持着朴素自然的状态。② 在视频中，三人多穿日常服装、素颜出镜并佩戴墨镜，毫不避讳皱纹和衰老的体态，给人亲切、和蔼的印象。另外，基于展示现实生活的账号定位，整个画面基本是原画色彩，并不进行夸张、厚重的滤镜美化，展现一种真实、有趣的农村生活。可以说，“王大姐来了”以生活化、写实化的乡村场景展现，营造出了日常化、亲切化的氛围，更易于被广大网友接受。

二、口语传播策略辅助形象塑造

第一，新老结合：说唱、美食与老年角色共同出现。在长久的短视频创作实践中，“王大姐来了”逐渐走出了美食 + 说唱的幽默路线。三人走进田地和农舍，摘黄瓜、钓大鱼、宰羔羊……她们一边制作美食，一边以夸张表演、戏谑吐槽的表现形式进行主题与信息的传播。从“王大姐来了”的创作内容可以看出，基本上每期讲述一道菜的制作过程，而“王大姐来了”并不追求完美、精细的制作流程，而是将诱人的美食元素与吐槽式说唱

① 人间后视镜 . 中国最强女 rapper，不在川渝在密云 [EB/OL].（2022-09-14）[2025-02-03]. https://news.qq.com/rain/a/20220914A098CG00.

② 徐丽娟 .“银发网红”的自我呈现与形象塑造：基于抖音短视频的框架分析 [J]. 新媒体研究，2020，6（9）：49-51，59.

解说相结合。“抖音已经成为庞大的短视频传播平台，但在传播的过程中同质化问题一直十分严重。内容创新慢、用户跟风拍、过度的算法推荐使受众接收到的视频内容大同小异。老年网红作为短视频媒体中的稀缺群体，具备平台附着力，他们的加入丰富了抖音平台的传播生态格局，使内容异质化。”[①] 同时，“王大姐来了”中三位老年角色积极融入年轻人喜爱的美食、说唱圈层，在视频中营造了可爱的反差萌与自然流露的亲切感，从而激发了当代年轻人对“王大姐来了”抖音账号的观看热情。

短视频网红口语表达是集文本、声音和情境于一体的产物，而任何语言片段，都由意义、活动、身份、关系、立场与策略、联系、符号系统与知识七部分组成。[②] 抖音账号“王大姐来了”的创作植根于农村生活，利用幽默风趣的口语表达与感性饱满的故事叙述，让观众在其短视频中获得放松，从而树立起了“魅力老年 rapper”的媒介形象。

第二，使用幽默风趣的口语表达方式吸引观众。“王大姐来了”的短视频内容能够给观众留下深刻印象，其幽默风趣的口语表达方式是不可或缺的重要因素。在账号创立之初，“王大姐来了”便以轻松幽默的风格改编原本曲风忧伤、沉重的网络热歌《你要结婚了》，重新调整曲调、歌词和重音，并搭配三人共同演绎的情景喜剧形成了时长 19 秒的短视频。这种趣味、搞笑的短视频使“王大姐来了”轻松、幽默的风格在一开始就被观众所熟知，引发流量聚集和网友关注。在开创美食 + 说唱的特色模式之后，“王大姐来了”创作的短视频依然延续其幽默风趣的调侃方式，并融入每种美食的制作过程，使“老年 rapper”的形象深入人心。“凉皮就是面，手法你得练；面团醒好了，还得再洗上五遍”“拿上了盾牌，靠近大虾；辣椒透着红啊，炸开了花；火锅底料，加老干妈；调料使劲倒，把啤酒加”……从第一期美食视频《凉皮说唱》至 2023 年 6 月 3 日发布的《麻辣虾》，“王大姐来了”采用朗朗上口的韵脚和富有节奏感的旋律，使观众迅速加深了对王大姐、秀荣、老郭等角色的认知，有效吸引了用户关注。其中《糯米切糕》以开头通俗易懂的词句“新鲜的豆馅，把它包成豆包”，引发了抖音全网用户的争相模仿和二次创作。“网红经济本身是注意力经济，是影响力经济，缺乏个性化设计和新鲜的刺激性内容，‘银发网红’的发展就无从谈起，必须转型升级才能找到强有力的突破口，持续性内容变革创新、持续性优质内容生产才是王道。”[③]“王大姐来了”通过形式创新和内容优化抓住了

① 吴晓东，王准 . 引爆点理论视域下老年网红潮的成因与问题 [J]. 青年记者，2020（3）：41.

② 龚怡菁 . 网红主播的口语传播研究 [D]. 武汉：华中科技大学，2020.

③ 赵隆华，刘俊冉 .“银发网红”的传播特点与发展路径构建 [J]. 青年记者，2020（12）：49.

短视频受众的眼球。

第三，利用故事叙述与情感共鸣保证观众黏性。为了保持持久的观众黏性，“王大姐来了”并不局限于简单的美食介绍和制作，还在其中穿插富有家常情味的趣味情节，在词句间唤醒观众关于“家”的记忆，与观众达成深层次情感共鸣，以感性认识留住观众。在具有浓厚的孝文化传统的我国社会中，银发群体更容易得到消费者的情感支持，从而在同等条件下收获更加优异的市场回报。真实的人间烟火气息是用户接纳银发网红的一个重要原因。①

在“王大姐来了”的短视频中，无论是身为外婆形象的内心自述，还是与年轻角色的互动，流露出的家常细节是中国万千家庭的日常缩影。关注是情感和认同形成的基础，情感和认同的形成又会促进持续的关注。银发网红短视频的代入感让受众很容易移情至熟悉的群体，尤其是自身长辈，从而产生很深的情感和认同。② 老年群体作为每个家庭的一分子，容易与受众产生情感联结，如在短视频《馍夹肉》③ 中，王大姐把一筐原材料交给剧中的“儿子”，指责他，“年轻人别闲着，赶紧去做馍，加点配菜行了，我就瞅你干活”，一旁的秀荣调侃着，“真是你亲儿子，你真舍得压榨”，这些使得在外求学务工的年轻受众回想起与家人相处拌嘴的场景。

第二节　基于口语传播的银发网红 IP 维护机制

银发网红是短视频时代新生的一个特殊群体，属于网红又异于普通网红。银发网红的口语传播特点在于普通话不标准却富有趣味性，且常与非语言符号相结合。如此独特的银发网红究竟是如何维护粉丝的呢？本节将对此展开探讨。

第一，银发网红的粉丝维护机制。粉丝维护与运营是所有自媒体博主都逃不开的话

① 韩敏，孙可欣 . 数字情感劳动：银发群体再社会化 [J]. 青年记者，2022（6）：59-61.

② 王英英 . 基于扎根理论探究抖音银发网红的走红密码：受众的关注、情感与认同 [J]. 新媒体研究，2022，8（1）：1-7.

③ 王大姐来了 . 论有一个会做饭的儿子的重要性 [EB/OL].（2023-04-01）[2024-05-06]. https://www.douyin.com/video/7216974964040224061.

题。抖音上除电商主播外的博主的粉丝维护主要包含两个方面内容：视频内容创作和粉丝互动。粉丝互动又包含评论点赞互动、粉丝群互动、直播间的互动。优化视频内容是最先要做的，因为短视频作品是自媒体博主建立个人品牌的基础。许多银发网红的账号一开始不过是分享家中老人的有趣生活，但后来因为视频内容足够优质，吸引到了最初的一批关注者；又随着博主把握到出名的趋势并持续输出优质内容，越来越多的粉丝和流量就来了。如果这些账号在吸引到最初的流量之后，没有更新足够优质的内容，或者只输出重复单调的视频，关注者们会喜欢吗？如果一个账号不能持续输出足够吸引人的视频内容，粉丝量不减少都算是万幸，更别提涨粉甚至变现了。像“高跟鞋的高”“栀子花烧红烧肉”这种依靠单一视频模式吸引流量的博主终究是少数，前者更新的每条视频几乎都是“会做美食的妈妈和讨嫌的碎嘴儿子”，后者则是让人又嫌弃又爱看的“从我这边，到你那边，一共五步”，这两种单一却足够吸睛的视频内容可遇不可求。

银发网红账号的运营者究竟应该如何优化视频内容呢？首先，抓住并保留观众爱看的点，在“汤”变得无味之前继续加“水”，输出系列内容，如抖音“谭家屋”账号更新的“奶奶滂臭系列”，博主本人故意在奶奶面前吃螺蛳粉、榴莲等有异味的食物，奶奶每次都一边念叨着让博主吃点好的，一边抢过博主的食物扔掉，老人家的可爱反应让观众百看不厌。这个系列的点赞量也远超博主主页的其他视频。其次，实践粉丝给出的一些可操作性建议，在往“汤”里加“水”的同时，也可以继续加“食材”和“料”。最后，如果希望账号进一步成长，博主需要提高自己的创作水平，手机摄影的便捷性使每个人都有可能成为摄影师，剪映等剪辑软件的出现则降低了剪辑的门槛，一些随手拍随手剪的视频也可能爆火，但随手剪随手发很明显不是长远之计。博主需要学习如何才能拍出让人观感舒适的镜头，如何抉择剪辑点才能让视频详略得当，如何配制音效才能给视频锦上添花，什么样的发布设置和作品整理才能让受众找到想看的内容……也许普通粉丝察觉不到视频内容和创作手法上的变化，但这些变化能带来好的观看体验是绝对的。

第二，注重与粉丝的互动。以评论区的互动为例，与微博、小红书等互联网平台不同，抖音等短视频平台评论区的权重更多来自评论互动而非点赞。比如，微博是娱乐行业做宣传和粉丝追星的重要阵地，我们经常可以听到“粉丝控评”的行为——在一些微博官方账号提到的艺人的帖子下面，粉丝会抢先发表一些或宣传艺人成就或期待合作的评论。不追星的网友可能不知道，这些评论区底下经常出现的账号可能是哪家粉丝群体专门用来控评的账号，这种账号需要特意运营，以积累权重。只是账号权重好还不够，在控评账号进行一次具体的控评行为后，其他粉丝还要及时前往评论区给控评账号点赞。账号权重越高，评论的点赞量越多，这条评论的位置就越靠前，被看到的概率就越大。但是在抖音的视频评论区，一条评论是否靠前与账号本身的质量关系不大。此外，评论互动比点赞互动更能让这条评论稳居前排。值得一提的是，被博主本人回复的评论，更容易上前排。

为什么微博等社交平台和抖音等短视频平台的评论权重机制会存在如此明显的差异呢？因为在抖音上传播的主要是视频，即使是图片、文字也要做成视频的形式，这样才能传播。抖音对自己的定位很清晰，就是短视频平台，因此抖音希望给用户提供一个专注于视频内容讨论的评论区，更鼓励用户在评论区表达观点而不是简单表态。博主在评论区回复，既符合平台的权重机制，又能让有趣、有内容且符合视频主题的评论被更多人看到，还能让粉丝感受到博主想对他们说的话：我看到了你们和我说的话，我乐意回复你们，我接受了你们的建议，我不是高高在上的流量明星，而是跟你们一样的、喜欢和你们一起聊天的普通人。一个有博主回复的评论区，一定比只有粉丝自娱自乐的评论区更吸引人。

再以粉丝群的互动为例。在抖音上，一个账号的粉丝量达到 100，就可以组建属于该账号的粉丝群。对于有银发网红的这种大账号来说，粉丝群是让他们可以和粉丝聊天、分享的场所。在网红等群体、抖音等平台出现之前，大部分人都只有和朋友、亲人的聊天群，更远也只远到了与网友建立聊天群的程度，但在粉丝群里，关注者可以与自己关注的大网红聊天。尽管他们在群外可能拥有百万甚至千万粉丝，但在群内与群友聊天时，他们也不过是聊天框里的另一个打字者。粉丝群是能够给关注者提供爽感的场所。博主需要把握这个场所，去和粉丝交流、聊天。为了让粉丝获得更好的交流体验，还可以在群聊氛围上下功夫。比如，将群名取成“好温馨的一家人”，用可爱的图片当作群头像，经常在群里说早安、道晚安……增强群友对群的归属感。另外，还有一种互动形式是通过视频作品回应。粉丝很喜欢这种交流，博主发这种互动视频，不需要考虑太多口语传播的技巧，真切的、真心的回馈就能换来真心的喜爱。

最后以直播间的互动为例，仅就抖音平台而言，账号有主要输出视频作品的，有专做直播的，也有二者兼做的。抖音上有很多银发网红账号，以输出视频为主，少部分会开直播。对于这类更注重作品输出、不常直播的博主来说，直播与其说是运营方式，不如说属于互动的重要环节。银发网红往往不够熟悉网络环境和平台界面，因此直播时总有人陪在一旁，为老人念弹幕，解释弹幕。然而吸引粉丝进入直播间的是有银发网红在直播间，粉丝知道老人家可能不懂互动并主动谅解，但不希望协助直播的人喧宾夺主地与直播间的观众互动。种种原因综合之下，银发网红直播间和普通的直播间存在很大不同——他们不需要特别积极主动地讨好直播间观众（及时欢迎新进直播间的观众，向每个观众提供平等的回馈），不需要想方设法地活跃直播间的气氛，不需要在直播结束后，专门一对一私信感谢对方的礼物……当然，并不是所有娱乐主播、才艺主播都会通过以上方式进行直播间粉丝维护，但或多或少地需要做其中的部分行为。银发网红不同，他们就保持视频里的样子，即他们在生活中的样子。银发网红作为形象存在于网络、本人又相对脱离网络的群体，往往是在亲人辅助运营账号的情况下被网友所知所喜爱的。银发网红吸引粉丝的地方在于他们本身的性格、为人和可爱反应，将这些特点展示出来，就拥有了最好的吸粉利器和维护粉丝的方法。在此之外，博主还可以从优化视频内容、给粉丝提供良好的互动体验等方面入手，将粉丝流量转化为存量。

第五章

银发网红的短视频口语展示策略

第一节　基于口语传播 + 视听语言的展示策略

本节以抖音娱乐表演类银发网红“三根葱”账号为例，从舞台构建、视觉呈现、听觉呈现三方面探究娱乐表演类银发网红在口语实践中是如何运用视听传播策略引发观众共鸣的。“三根葱”账号是抖音平台比较有代表性的银发网红样本，其创作主体包括“大葱”陆万荣、“二葱”缑永兰、“三葱”陆建昌，在短短一年里，“三根葱”账号凭借明快、轻松、简短的视频内容，独特的镜头语言和配乐，以一口陕北口音传达正能量的观点，获得了 1000 多万粉丝的关注，之后账号一直保持着稳定的作品输出频率和相对一致的个人风格。本节以“三根葱”账号为例，通过整理分类其 52 部作品来探究娱乐表演类银发网红在短视频口语实践中的视听传播策略。

一、银发网红口语传播的视觉展示策略

第一，场景设置以生活化场景为主。在短视频平台中舞台设置主要分为两部分：第一部分是视频账号的设置，这是视频博主进行印象管理的平台；第二部分则是视频内表演舞台设置，包括背景音乐与拍摄场景的设置。[①] 本节主要通过阐释后者带来的视听效果来概

① 刘禹帆 . 抖音平台中银发网红的自我呈现研究 [D]. 广州：暨南大学，2021.

括娱乐表演类银发网红在进行口语实践时运用的舞台设置策略。[①]

银发网红的口语传播主题主要涵盖生活、时尚、才艺、文化知识、情感、搞笑，正能量是银发网红在短视频口语实践中的主旋律。本节对“三根葱”短视频口语传播内容进行分类，发现其主题聚焦于生活与情感两大类别。几乎每个视频必附一句人生哲理或名言警句，同时融入淳朴的民风与搞笑元素。拍摄场景的设置会影响到演员的表演，场景的差异化会导致表演行为的差异化，演员的身份和处境则会影响受众的判断。

视频样本中，有 5 个视频是室内场景，有 21 个是室内和室外相结合，有 26 个视频是在室外拍摄。室外场景包括农村街道、商场、农村田野、小区楼下等。整体而言，银发网红拍摄的都是日常生活中常出现的场景。由于银发网红投入成本较少，表演者也多为身边亲朋好友，银发网红拍摄灵感离不开生活。银发网红为了吸引受众，突破单一场景，会选择室外、室内结合的拍摄方式。以“三根葱”为例，其 90% 的拍摄内容都是室内室外相结合，粉丝可以更近距离地观察银发网红的生活环境，获得情感接近性和生活代入感。

第二，镜头语言淳朴。“三根葱”短视频以家庭生活化的场景为主，拍摄以移动镜头为主。“三根葱”的 52 个视频样本中，使用了约 60 次运动镜头。其中，即使涉及固定拍摄，也多以手持拍摄来呈现。从视频形式来看，“三根葱”的视频内容主要分为两类：一类是一镜到底的一分钟以内短视频，另一类是三分钟以内的剧情短视频。“三根葱”喜欢以口述为主，将台词和主题相结合，在表演中直接表达主旨。

从共性上看，“三根葱”的所有视频都会以口语表达、结尾慢放、黑场加字幕的形式结尾，这种直抒胸臆式镜头和口语与字幕相结合的形式在银发网红中并不少见，这是由于银发网红大多对于视频剪辑不够熟悉，只能采用剪映一类非专业的剪辑软件进行视频编辑。如果视频中有想传达的文化知识，银发网红一般不会采用写意镜头去传达情感，更倾向于运用音乐和字幕相结合的形式，让视频的立意得到凸显。[②]

此外，一镜到底类的视频表现形式也在娱乐表演类银发网红中不胜枚举。由于对技术使用的不熟悉，银发网红更青睐于使用口语交流来展现自我，运用单机位跟拍也更为容易记录生活，一镜到底的拍摄手法也产生了一定的戏剧效果。和“三根葱”一样，许多娱乐表演类银发网红也使用了一镜到底的拍摄手法。口语交流与抖动的镜头，拉近了受众与银

---

① 彭兰．短视频：视频生产力的“转基因”与再培育 [J]. 新闻界，2019（1）：34-43.

② 曾一果，时静．从“情感按摩”到“情感结构”：现代性焦虑下的田园想象——以“李子柒短视频”为例 [J]. 福建师范大学学报（哲学社会科学版），2020（2）：122-130，170-171.

发网红之间的距离，传达了视频的主旨。以“三根葱”发布的一条视频为例，为了提醒观众重视攒钱，其采用一镜到底的方式，阐述了攒钱的重要性，视频节奏轻快却不失幽默，获得了大量关注。

在剧情短视频中，“三根葱”采用了固定镜头与运动镜头结合的方式呈现内容。这种对话跟拍式运动镜头的运用在故事开头或结尾带来了更强烈的冲击感。[①] 例如，“三根葱”发布的关于父母亲情的视频，开头就采用了移动镜头，巧妙地规避了口语对白的生硬感，让观众将焦点放在对话者的互动上。这样一镜到底的长镜头能够让银发网红口语化的表达更吸引人。

此外，在这些短片中，抖动的镜头也有很高的出现率。由于银发网红的设备有限，在用手机进行拍摄时，没有稳定器就很难达到平稳的视觉效果。虽然这类银发网红并没有接受过与摄影相关的培训，但是在一些需要情感表达的镜头与独白中，手持的抖动感增加了镜头的张力，让情感表达更加充沛。例如，“三根葱”视频中以父母与孩子沟通的镜头作为结尾，在抖动的手持镜头下情感表达反而更具冲击力。由此可见，以“三根葱”为代表的娱乐表演类银发网红虽然在拍摄、剪辑上没有达到专业化水平，剧情台词上也更趋于口语化，但通过抖动、跟拍和摇镜头相结合的方式，他们以朴素的语言，调动起了观众的情感。

二、银发网红口语传播的听觉策略

在短视频中，音乐是辅助口语情感表达的重要组成部分。在抖音平台上，不少内容生产者将音乐作为主要表现形式，短视频生产者将音乐与情感所指融为一体，以视听一体化的方式呈现给观众。[②] 在“三根葱”的 52 个短视频样本中，所有的短视频都加入了音乐，歌词与情感表达相辅相成。[③] 娱乐表演类银发网红使用背景音乐的策略往往有三种，分别为模仿与重复、渲染情感、充实画面。

首先，模仿与重复旨在参与现象级短视频创作，借助原视频热度让自身创作赢得更多

① 彭兰．视频化生存：移动时代日常生活的媒介化 [J]. 中国编辑，2020（4）：34-40，53.

② 黄晓音，邱子昊．技术赋能与情感互动：抖音平台的视觉化音乐传播研究 [J]. 西南民族大学学报（人文社会科学版），2019，40（8）：156-161.

③ 季凌霄．从“声景”思考传播：声音、空间与听觉感官文化 [J]. 国际新闻界，2019（3）：24-41.

关注。其次，渲染情感就是用音乐唤起个体情感，引发受众共鸣。例如，“三根葱”在讲述情感时，喜欢采用《路过人间》《父亲写的散文诗》《像鱼》等抒情音乐。生活类的短视频则喜欢采用《我记得》《像生活》这样平淡舒缓的音乐。最后，充实画面则主要作用于结尾或画面留白之处，不少银发网红在视频中喜欢运用慢放、一镜到底等技巧，这常会造成画面留白，唤醒受众听觉体验，能有效缓解画面的单调感。

总而言之，娱乐表演类银发网红使用音乐构建声音视觉化的效果是听觉策略的核心，音画同步让情感和画面匹配，使用音乐不仅渲染了氛围，还弥补了技术短板，辅助了口语交流，让银发网红的作品得到了更广泛传播。[①] 本节聚焦于娱乐表演类银发网红在抖音平台上的视听呈现，以“三根葱”账号为例，发现银发网红返璞归真的口语表达、场景选择、音乐选择展现了农民最朴素真挚的情感。

第二节 基于口语传播 + 算法机制的展示策略

算法推荐技术为银发网红提供了广泛的传播渠道和个性化的推荐服务。算法推荐技术能够精确地推送符合用户口味的内容，使传播更具针对性和个性化。这种个性化推荐不仅满足了老年用户的口味需求，还增加了老年用户在社交媒体平台上的互动。算法推荐技术下银发网红口语传播也存在一些问题和挑战。信息茧房效应可能导致老年用户陷入狭隘的信息圈子，无法接触到更广泛的内容。[②] 虚构化生产下的伪真实体验可能使观众难以辨别真实与虚假之间的界限。[③] 算法歧视问题也可能对老年用户的口语传播体验造成负面影响。同时，传统媒体把关权的削弱也会使算法推荐技术在短视频生产和分发过程中存在被舆论操控的风险。[④] 因此，本节旨在通过对算法推荐技术下银发网红口语传播实践的深入研究，

① 王亦高，吉娜 . 自然与拟态：试谈听觉传播视角下的手机媒介 [J]. 现代传播（中国传媒大学学报），2017，39（1）：107-110.

② 彭兰 . 导致信息茧房的多重因素及“破茧”路径 [J]. 新闻界，2020（1）：30-38，73.

③ 靖鸣，张朋华 . 自媒体时代“拟态环境”的重构及其对大众传播理论的影响 [J]. 现代传播（中国传媒大学学报），2019，41（8）：71-75.

④ 王茜 . 批判算法研究视角下微博“热搜”的把关标准考察 [J]. 国际新闻界，2020，42（7）：26-48.

探讨其口语传播特征、推荐逻辑以及存在的问题和挑战。同时，我们还将提出一些优化策略，旨在为银发网红和相关从业者提供有益的指导，优化口语传播实践。

一、算法推荐技术下银发网红的口语传播逻辑

第一，用户偏好：基于自身兴趣。在银发网红口语传播逻辑中，用户偏好是一个重要的考量因素，平台可以根据用户的兴趣爱好进行推荐。① 首先，平台可以通过用户的个人信息和口语交流记录了解用户的年龄、性别、职业等基本信息，实现个性化推送。其次，平台可以通过用户的兴趣爱好和关注的内容来推断用户偏好。例如，用户可能经常关注生活养老、人生经验分享、老年健康等相关话题，这意味着用户可能对银发网红更感兴趣。最后，基于用户的偏好，平台可以向用户推荐相关内容，以满足用户对口语传播内容的需求。

第二，社交关系：基于圈层文化。银发网红作为新兴网红群体，往往有自己独特的圈层文化。平台可以通过用户的社交关系网络分析用户所属的圈子和社群。② 例如，用户是养老、老年旅游等社群的成员，这说明用户与银发网红存在一定的圈层联系。平台也可以通过用户关注的内容来推断用户所处圈层。例如，用户经常关注一些与老年人生活、时尚穿搭、旅行经验等相关的网红，由此可判断用户与银发网红的圈层文化可能存在交集。基于用户的社交关系，平台可向用户推荐与银发网红相关的内容，包括经验分享、圈内热门话题讨论等。

第三，互动场景：所处位置和圈层情境。用户所处情境也会对算法推荐逻辑产生影响。③ 例如，当用户居住在老年活动中心附近时，平台可以依据该地区的银发网红口语传播活动，推荐关于老年健康、老年心理、家庭关系等方面的内容。通过考虑用户偏好、社交关系和互动场景，平台可以精准推荐与银发网红口语传播相关的内容，满足用户的需求，促进用户与银发网红之间的互动。

---

① 强海峰，张超 . 回溯、镜像与本真：数字化时代口语传播的时空择取研究 [J]. 现代传播（中国传媒大学学报），2023，45（7）：102-109.

② 彭兰 . 新媒体用户研究：节点化、媒介化、赛博格化的人 [M]. 北京：中国人民大学出版社，2020.

③ 原平方 . 情境即信息：兼论新媒体传播情境的三重特性 [J]. 现代传播（中国传媒大学学报），2015，37（6）：20-24.

二、算法推荐技术下银发网红口语传播的问题

第一，信息茧房效应。数字化时代信息爆炸式增长，个体在应对海量信息时难以从中高效筛选出有个人偏好的目标内容，而算法推荐机制就是解决“信息过载”的一大途径，但算法推荐技术使用户屏蔽了一部分真实世界。这一操作往往披着“温和性”外衣，用户浏览着一个个视频，看似在主动筛选，实则算法推荐技术通过对人的经济地位、身份属性及兴趣喜好等数据进行结构化分析和标签化处理而构建了特定的符号环境，造成了品位固化与圈群文化区隔，最终形成了信息茧房。[①] 受众的“品位数据库”被纳入算法推荐系统，作为系统的“喂料”，算法以一种隐蔽式、合法化的方式实现了对用户品位的区隔和固化，建立起了符合操控者利益的符号秩序。[②] 那些符合用户品位的视频内容和符号信息被强调，系统自动过滤掉其他信息，信息获取的稳定性和封闭性会将用户的视野限于算法构建的信息茧房内，逐渐窄化。

算法向用户推荐符合其“茧房”价值观的信息，对用户进行规训。在算法推荐技术下，当圈群之间存在明显的文化碰撞、情感抵触时，圈群成员便可能陷入情绪旋涡，由此出现群体极化。算法所建构的碎片化、娱乐化的茧房消解了深刻意义的生产，造成了用户的感官失灵，使其沉浸在短暂的快感之中，陷入艺术流俗的怪圈；[③] 而且，这些茧房的边界设定中掺杂着算法开发者的意志且夹杂着商业目的，他们更倾向于推送给用户那些符合商业利益的信息。

第二，舆论操控与负面引导。算法推荐技术从一开始就内嵌了某种立场，在以短视频为代表的口语传播媒介的生产和分发过程中，算法建立并强化了公共舆论秩序的框架，消解了专业新闻从业者的把关权。[④] 与此同时，资本通过隐蔽式的监视与规训将用户置于全

---

① 杨洸，佘佳玲 . 新闻算法推荐的信息可见性、用户主动性与信息茧房效应：算法与用户互动的视角 [J]. 新闻大学，2020（2）：102-118，123.

② 白红义，李拓 . 算法的“迷思”：基于新闻分发平台“今日头条”的元新闻话语研究 [J]. 新闻大学，2019（1）：30-44，117.

③ 彭焕萍，陈瑶 . 短视频推荐中的算法操控及其协同治理 [J]. 中国编辑，2023（3）：86-90.

④ 黄淼，黄佩 . 算法驯化：个性化推荐平台的自媒体内容生产网络及其运作 [J]. 新闻大学，2020（1）：15-28，125.

景监狱中，抢夺他们的注意力资源。[①] 资本利用算法推荐服务进行舆论操控的手段多样，流量造假、控评、干预热搜已成了短视频行业的潜规则。商业公司在“眼球经济”逻辑驱动下，运用算法推荐技术收集数据并根据场景的变化实时调整分发策略，引导用户的舆论倾向，进而催生他们线下的消费行为。例如，短视频平台的算法基于用户画像，广泛推荐关于不健康饮食的科普内容，引发用户身材焦虑，促进用户购买推荐产品。简而言之，短视频算法推荐技术是充斥着商业逻辑的伪中立技术，它为经济决策者披上了合法性外衣，遮蔽了其通过操控舆论来剥削用户的本质。[②]

三、算法推荐技术下银发网红口语传播的展示策略优化

第一，对算法机制的自我克制。相较于普通大众，银发网红的网络卷入度更高，再加上口语传播的即时性，他们所面临的风险因素会更多。这集中表现在三个方面：一是网络暴力的风险。在大众的关注下，银发网红的一举一动很容易被推到网络舆论的风口浪尖，某些具有诽谤性、煽动性、污蔑性的言论不仅会侵害老年人的名誉与权益，更会对他们的精神造成巨大的冲击。[③] 二是隐私泄露的风险。通过网络媒体的曝光，银发网红的个人隐私被毫无保留地呈现在大众面前，这会给他们的日常生活带来困扰，涉及信息安全与社会伦理问题。三是欺瞒诈骗的风险。银发网红的防范意识、法律意识和权益保护意识通常较为薄弱，一旦疏忽，便可能蒙受经济损失。因此，社会与平台方应积极进行适老化改造，子女应关注老年群体的情感需求，进行数字反哺，提高老年群体的媒介素养，各方共同为他们创造一个积极舒适的创作环境，帮助他们排除网络风险。对于银发网红本人而言，应清醒地认识到自己创作的出发点，坚守创作初心，主动克服算法机制带来的负面干预，达到自我保护目的。

第二，个人经验下的主动驯服。银发网红在口语传播过程中可以通过数据干扰和数据归类的方式，即时有效地优化算法服务，获得更好的使用体验。比如，他们可以通过优化关键词、互动反馈、多平台合作推广等方式来提高他们的创作内容在算法中的曝光度。这

① 刘涛．社会化媒体与空间的社会化生产：福柯“空间规训思想”的当代阐释 [J]. 国际新闻界，2014，36（5）：48-63.

② 彭焕萍，陈瑶．短视频推荐中的算法操控及其协同治理 [J]. 中国编辑，2023（3）：86-90.

③ 邱立楠．短视频平台算法推荐的“异化”与“驯化”[J]. 中国编辑，2021（4）：68-72.

种策略展现出银发网红对算法的主动驯服和自我约束，使算法更加贴合他们的需求，从而实现风险与收益之间的平衡。[①] 银发网红对算法的主动驯服主要源于其自身的使用经验，其在长期使用过程中完成对平台算法的认知体验，凭此寻找抵抗路径，这本身也是能动性的体现。

第三，内容注重情感关怀。来自湖北武汉的康康原本是拍摄各种潮牌的商品摄影师，在决定辞掉工作、回家陪爷爷后，便开始用短视频的方式把爷孙俩的生活记录下来。这种短视频口语传播模式能够给予用户更多的人文关怀，并且这种模式通过分享真实生活、经历和情感，与用户建立情感纽带。[②] 对于一些空巢老人来说，这种口语传播模式可以带来安慰和温暖，减少他们的孤独感和心理压力。就像银发网红康爷爷所说，希望老年群体能够主动改变固有的观念，跟上时代的步伐，享受科技带来的红利，同时培养出自己的兴趣爱好，多和年轻人在一起，多出门走走。

第四，注重内容真实性。在绝大多数银发用户"出圈"成为网红之后，资本的驱动无形中异化了他们的社会参与行为。经纪公司会对旗下的银发网红提出更多要求，如进行深夜直播带货、出席各类商务活动、完成指定拍摄任务等。银发网红的创作目的不再单纯，而由经纪公司打造的网红形象也趋于同质化，容易造成大众审美疲劳。与 MCN 网红孵化机构相比，"康康和爷爷"更注重内容真实性和原创性，不追求炒作和夸张，而是通过真实的生活展示和情感表达来吸引观众，达到了返璞归真、不落俗套的作品效果。

第五，注重代际沟通。银发网红打破了传统对于年龄界限的刻板印象，促进了不同代际的交流沟通。一方面，这种银发网红通过分享生活经验和智慧，为年轻人提供了有益的生活参考和启发。另一方面，年轻人通过关注这些银发网红，更深入地了解了老年人的生活和思想。老年群体在与年轻人交流中可以更新思维和观念，与时俱进。[③] "康康和爷爷"中的康爷爷也提到，自从开始创作视频后越发喜爱自己的生活状态，与孙子康康的互动也频繁起来。康康也表示，通过与爷爷共同经营抖音账号，他找到了"有温度的瞬间"，也

---

① 黄淼，黄佩 . 算法驯化：个性化推荐平台的自媒体内容生产网络及其运作 [J]. 新闻大学，2020（1）：15-28，125.

② 李彪 . 数字反哺与群体压力：老年群体微信朋友圈使用行为影响因素研究 [J]. 国际新闻界，2020，42（3）：32-48.

③ 周裕琼 . 数字弱势群体的崛起：老年人微信采纳与使用影响因素研究 [J]. 新闻与传播研究，2018，25（7）：66-86，127-128.

更加明白唯有亲情与陪伴是任何东西都换不来的。

在积极老龄化的背景下，银发网红面临着发展机遇与挑战的双重考验，然而，无论是在经济层面、文化层面，还是在个体和群体互动层面，银发网红都在发挥着重要作用。我们更应当深刻把握积极老龄化的内涵，以客观的、全局的、发展的态度来看待银发网红，以实现更为积极的口语传播实践。

第三节　银发网红口语传播中的评论与互动

随着社交媒体的迅猛发展，银发网红凭借独特的个人魅力和丰富的生活经历迅速成为公众关注的焦点。通过对抖音平台银发网红评论区内容的分析，本节将评论区内容分为“家庭”“商店”“课堂”“数字公墓”四个场景。通过提供建议与情感支持，老年人与网友之间建立起了深厚的情感，从而构建了独特的“家庭”场景。在“商店”场景中，老年人基于产品推广和购物建议，与网友共同探讨购物心得。“课堂”则是知识分享和思想交流的场地，网友自发地在评论区展开有深度的讨论和交流。在“数字公墓”场景下，亲属和大批网友在评论区自发地对已逝去的老年人发起哀悼，老年人的生命得以在这些数字公墓中永恒延续。

从“数字边缘人”到银发网红，互联网老年群体凭借一己之力重回社会公众视野。[①]除了他们创作的内容，银发网红与网友之间的评论互动也成了十分有价值的研究对象。本节基于抖音平台评论区开展研究，评论互动通常使用的是非正式、口语化的语言风格，包括缩写、表情符号、俚语等。这种口语化的表达实时展开，网友可以通过评论互动实现与银发网红的双向交流，也可以与其他网友互动，构建多方参与的生动对话场景。评论互动作为一种沟通交流方式，不仅展现了网友对内容的反馈和情感投入，还帮助银发网红与网友建立紧密关系。本节旨在聚焦不同内容的评论互动方式，深入探究银发网红在评论互动中构建的不同场景及其背后的形成原因和心理机制。

① 李彪．数字反哺与群体压力：老年群体微信朋友圈使用行为影响因素研究 [J]. 国际新闻界，2020，42（3）：32-48.

一、基于家庭化情感沟通的互动

从名称设置上就不难看出，大部分银发网红的账号名称为“××奶奶”“××姥姥”“××姥爷”等，将自己预设为一个祖辈形象。在视频中，这种祖辈形象体现在对观众或其他角色的称呼上。例如，抖音账号“李奶奶说”，视频以奶奶称呼“孩子们”开头，拉近了与观众的距离，产生了如同自己身边长辈的亲切感。再如，“济公爷爷·游本昌”在视频中总称观众为“娃娃们”，充满了对晚辈的关爱和温情。美食赛道的“潘姥姥”的经典语录也是“小外孙，姥姥给你上一课”，俏皮感满满的同时让观众感觉潘姥姥仿佛在和自己说话，从而感受到了浓浓的隔代关爱。在评论区，这种祖辈形象的设立则体现在对自己的称谓上。这些银发网红在回复观众评论时并不会询问对方年龄，而是直接自称姥姥、奶奶、爷爷、姥爷。这既表明他们已默认自己祖辈的形象，也表明他们的观众的年龄普遍年轻化。抖音账号“只穿高跟鞋的汪奶奶”70% 的粉丝为 18~35 岁的年轻群体，而“我是田姥姥”80% 粉丝的年龄也同样集中在 18~35 岁范围。[①] 银发网红在互联网平台上不仅能吸引同龄人的目光，还能赢得年轻人的喜爱，进而在一定程度上激励后辈更加主动地关心长辈。

这种长辈角色的塑造也会让许多观众在观看视频的过程中不由自主地联想到自己现实生活中的祖辈。尤其是许多银发网红账号常常采用孙辈 + 祖辈的组合方式进行内容生产，内容大多为祖孙之间的温暖互动或搞笑日常，如抖音账号“蔡昀恩”，内容多为晚辈与百岁奶奶生活中的趣味互动；抖音账号“我是田姥姥”，内容为外孙视角下与田姥姥的趣味互动。在这种类型账号的评论区中就常常出现“让我想起了自己的奶奶”或是“好像我已经去世的外婆”等类评论。对于此类评论，银发网红会将自己代入祖辈角色，为观众提供情感支持以及鼓励。

银发网红因年龄属性，外加短视频里呈现出来的亲切感，容易让大众产生移情反应，将他们对长辈的情感投射到银发网红身上，观看银发网红的短视频就宛如长辈的虚拟陪伴。对一些漂泊在外、独自打拼的异乡人或者已经失去了自己重要长辈的人来说，这种情感替换的陪伴方式就更为重要。[②] 例如，因“有问必答”出名的郑渊洁老先生干脆将自己和网友的评论互动内容制作成账号内容并发布，他的语言温暖而有深度，他的耐心评论

---

① 李文静 . 抖音平台的老年网红现象研究刍议 [D]. 广州：广东技术师范大学，2022.

② 李文静 . 抖音平台的老年网红现象研究刍议 [D]. 广州：广东技术师范大学，2022.

也让网友产生了强烈的陪伴感和认同感。有网友问，“郑叔叔，你这么早起来会做什么”，郑渊洁回复“写作”；一位 IP 地址为四川的网友评论，“郑叔叔，早安，我醒来开始看书了”，郑渊洁回复“四川早安，也在北京西四的那家新华书店”；还有网友评论，“北京今天有雨，出门带伞”，郑渊洁回复，“淋雨也是一种浪漫”。面对网友日常的分享，郑渊洁的回复虽然简洁但总有一种让人安心的感觉。

二、基于商业销售的互动

银发网红诞生于大众娱乐泛化的时代，因大众娱乐需求而产生，也因有需求而有市场。抽奖、卖货、商品链接是银发网红评论区商业化的主要体现形式。银发网红在互联网平台输出短视频内容所积累的人气、影响力等成就了他们的商业价值，具体可体现为他们具有很强的流量变现能力。目前，银发网红的流量变现方式主要有三种，分别为商品橱窗、广告植入以及直播带货。大众因有相关娱乐需求而将以老年人为主角的视频捧红，进而也让越来越多的人看到这个潜力巨大的领域。例如，账号“只穿高跟鞋的汪奶奶”，从汪奶奶在抖音平台拍摄短视频开始，只用了 3 个月时间便吸粉 400 万，不少广告商看中了汪奶奶的吸粉能力而主动寻求合作。2020 年 3 月，汪奶奶在抖音平台的第一场直播仅带货 18 件商品，却卖出了 470 万的销售额。[①]

在“珍珠奶奶”的一条视频中，打扮艳丽的孙媳妇代替出镜，展示漂亮的首饰。评论区中有人留言询问，“头上的发簪有吗”，“珍珠奶奶”回复“联系客服，有”；有人留言“好漂亮的美女，我也很喜欢珍珠，就怕买到假的”，“珍珠奶奶”回复，“奶奶家珍珠全部都是真珠”，该条视频下的评论区已经具有商品交易性质，成了商品咨询、售卖的平台。

三、基于专业知识的互动

年代感和故事感是时代与岁月赋予老年人的特质。当银发网红提起过往经历时，受众可以感受到他们丰富的人生阅历与人生智慧。老年群体更多的是互联网移民，他们对时事和新梗的把握程度远远不如年轻人，但是凭借丰富的人生阅历和深厚的知识储备，他们可

① 李文静 . 抖音平台的老年网红现象研究刍议 [D]. 广州：广东技术师范大学，2022.

以像“大家长”一样地传授人生经验，也可以以专业人士的身份传授专业知识。[①]由此产生了另一种评论内容——专业知识的输出或教导。从评论占比来看，这种内容在知识传授类网红账号中占比较大。例如，“国民教授”戴建业，凭借不那么标准的普通话，以风趣幽默的风格讲解中国古诗词，除了讲授诗词，他还在平台上分享对于升学、就业、恋爱的价值观，给青年人人生建议，让他们在迷茫和困惑时获得启发。[②]他的评论区中大多是网友发表的对于诗词文化的评价以及对于知识的感受。由于知识传授类账号吸引来的网友大多是有一定文化水平的群体，他们自发在评论区对视频内容进行评价，输出自己的心得。评论区在此时便兼具了“课堂”的功能，以供好学的网友讨论交流。

第四节　银发网红口语传播过程中的情感传播实践

近年来，在抖音等平台上不断涌现的银发网红颠覆了大众对老年群体的刻板印象，他们因为鲜明的个性和年轻乐观的心态赢得了一大批网友的喜爱，成了互联网上一道独特的风景。本节以抖音平台为例，通过分析银发网红口语传播特点与网友情感调动策略，发现银发网红的情感传播从语言、声音、形象等多方面遵循个性化、年轻化、互动性三大原则，并以此重塑老年人形象。在互联网时代，情感传播已超越图文与符号的简单表达，转变为情绪和价值观的输出，从而促使人们构建想象的共同体，引发他们强烈的情感共鸣，并对他们起到积极的情感导向作用。

情感是社会学、人类学、心理学等学科的重要研究对象，随着人类现代交往方式的变化，情感传播也开始进入传播研究的视域。当前，情感传播研究聚焦特定事件、媒介产品（如电视节目、影视作品、广告、社交媒体等）以及传播策略和效果等多个层面。本节进一步对情感传播策略和效果方面的文献进行梳理。首先，李建军等人综合理性传播和情感传播的特点，提出理性铺垫在前、情感抒发在后的传播策略，拓展了情感传播的着眼点。[③]

① 叶专．抖音老年网红媒介形象的主体建构研究 [D]. 济南：山东师范大学，2022.

② 曹贤坤．抖音短视频中“银发网红”的媒介形象呈现研究 [D]. 兰州：甘肃政法大学，2022.

③ 李建军，马瑞雪，周普元．论情感传播的特点和原则 [J]. 东北师大学报（哲学社会科学版），2020（5）：100-106，192.

武涛研究电商直播广告的情感传播机制时发现，以情感叙事和故事化的情感符号唤醒情感记忆，有助于实现情感意义的互动，不过，他的研究缺乏对情感叙事中符号的运用和建构方法的深入探索。[①] 其次，对于情感传播产生的效果，刘茜茜指出，在媒介仪式传播过程中，情感是非常重要的一环，在多种手段作用下可以产生情感归属治疗、民族团结增强等效果。[②] 张玲等人在对不同类型的情感对微博信息传播产生的影响进行研究之后发现，负面的情感信息有更强的传播效果。[③] 在对特定人物、群体的研究中，李雪莹等人通过分析网红李子柒短视频内容和传播方式等指出，短视频不仅提升了情感传播的效率和效果，且受众在互动中获得了精神上的满足。[④] 李艳泓则以“外交天团”为研究对象，发现诉诸情感的多向互动传播方式能有效改变大众对“外交天团”的刻板印象。[⑤]

一、银发网红口语传播过程中的情感传播类型

本节通过梳理抖音平台上各大银发网红账号内容发现，它们的短视频展现出多样化和风格化特征，各具特色，但总体上仍可按内容和情感沟通方式归为以下三类。

第一，积极健康的情感展示。在近几年的大众媒体报道中，经常会出现老年人被“污名化”现象，“碰瓷”“倚老卖老”“落伍”等负面标签，影响着大众对老年群体的认知。“数字难民”面对这种符号化的刻板印象往往束手无策，但随着银发网红的盛行，他们通过自主形象塑造，展现了一群健康快乐、潮流时尚、充满人生智慧的老年群体形象。例如，“只穿高跟鞋的汪奶奶”中，汪奶奶会穿着优雅精致的裙子和漂亮的高跟鞋，拍摄换装视频等，向女性展示一种别样的美和自信，她用不惧年龄的心态和积极乐观的生活理念以及缓慢且温柔的语言，缓解当下女性群体普遍存在的年龄焦虑，实现了与观众情感上的

① 武涛 . 组织有序的情感：电商直播广告中的情感传播策略——基于“东方甄选”的直播考察 [J]. 西部广播电视，2022，43（23）：92-95.

② 刘茜茜 . 媒介仪式中的情感传播效果研究 [J]. 新闻研究导刊，2015（21）：192-193.

③ ZHANG L，WEI J，BONCELLA R J.Emotional communication analysis of emergency microblog based on the evolution life cycle of public opinion[J].Information discovery and delivery，2020（2）.

④ LI X Y，ZHANG W.Research on short video content and communication：taking liziqi as an example[J]. Frontiers in art research，2020，2（4）.

⑤ 李艳泓 . 融合媒介情境下外交部发言人的情感传播 [J]. 青年记者，2020（26）：55-56.

共鸣。生活知识类银发网红神探大妈，则充分利用自己的阅历优势，从形象、年龄和视频内容多方面赢得观众的信任，她通过结合当下年轻人喜爱的角色扮演方式讲述生活中的骗局和法律知识，向大众传递正能量和主流价值观。这种积极健康的情感展示可以打破代际壁垒，弥合代际鸿沟，激发观众积极的情感共鸣，激励观众从生活的高压中走出来，构建理想的生活。有网友评论道："马上三十了，活得不如一位老奶奶，悲哀啊！"网友通过银发网红的人生观反观自身，或许此类银发网红短视频也可成为焦虑情绪的破解工具。

第二，鲜活随性的情感输出。随性派的银发网红都是笑容满面、身体硬朗、心态年轻的形象，正能量、悠闲与快乐往往是其主要的情感基调。其中，最具代表性的是娱乐搞笑类博主，他们也是目前抖音平台上最活跃的一类银发网红，如生活在东北农村的田姥姥，短视频通过展现姥姥被外孙整蛊过程中的自然反应，突出了田姥姥"说话快"和"碎嘴"的特点，从而向观众呈现了一个可爱鲜活的姥姥形象。同样，已故的耀杨他姥爷凭借独特的人格魅力和诙谐的表演风格，以朴实随性的形象活跃于自媒体平台，其中最令人动容的莫过于他面对疾病和手术时，依然坚持在镜头前传递欢声笑语的毅力。这种洒脱豁然的人生态度和真实的生活场景能够消解"老"字背后的虚弱和病态，而他们视频中不断爆出的"笑点"和"金句"也能够带给观众心理上的愉悦，满足观众娱乐消遣和排解压力的需求。

第三，亲切日常的情感对话。亲切日常的情感对话指银发网红在短视频中采用爷爷奶奶对自己孙子孙女讲话的口吻，通过充满亲情味道、家庭温暖的真实互动，使观众产生强烈的情感共鸣。[①] 这类银发网红主要可分为两类，一类是类似济公爷爷游本昌、六小龄童章金莱这种本身就具有一定知名度的网红。在济公爷爷游本昌的作品中，他常常以"亲爱的娃娃们"开头，声情并茂地向观众传递正能量。他的短视频《我们的问题》也展现了数字时代老年群体的困境，既呼吁年轻人多关注数字鸿沟问题，同时也鼓励老年人用积极乐观的心态拥抱数字生活。游本昌以自身为例，向老年人展示了打破数字壁垒的勇气。[②] 另一类是情怀类银发网红，比如潘姥姥总会用各种各样的农村本地食材制作成年轻人喜爱的"垃圾食品"，比如薯片、奶茶等，潘姥姥还总会一边做饭一边和孙子进行笑呵呵的日常对话，亲切地称呼孙子为"臭小子"，这种特色笑声和固定的言语表达，容易让观众联想到自己家中的长辈；而"秦巴奶奶 灭霸爷爷"账号通过记录祖孙三人的一日三餐，将香

① 杨一帆，潘君豪．老年群体的数字融入困境及应对路径 [J]. 新闻与写作，2021（3）：22-29.

② 宋红岩．"数字鸿沟"抑或"信息赋权"？基于长三角农民工手机使用的调研研究 [J]. 现代传播（中国传媒大学学报），2016，38（6）：132-137.

喷喷的家常菜、相濡以沫的白发爱人和温暖的家人联系在一起，唤起了观众内心潜藏的对于家庭生活的情感和怀旧情绪，短视频以岁月静好的乡村图景和满满的人间烟火气带给观众“港湾”般的归属感。

二、银发网红口语传播过程中的情感传播策略

第一，个性化策略：打破刻板印象，展现个性老者。通过分析抖音平台上较受欢迎的银发网红，笔者发现他们擅长展示自身特长，以使自身的形象更加立体，从而抓住观众眼球。这种个性化传播在引发观众情感共鸣的同时，也能在一定程度上缓解抖音短视频同质化严重的问题。可以从口语传播的角度将此个性化呈现方式分为以下几种。

语言个性化：方言增强娱乐性。相较于字正腔圆的普通话，银发网红往往会运用独特的口音和方言来表达，如爷爷辈网红鮀城大叔通过接地气的潮汕方言和各种金句神吐槽，让网友不禁捧腹大笑；耀杨他姥爷也通过大量东北口音的金句为一大批观众带来欢乐，如“倒反天罡”“你姥爷还是你姥爷”“捡破烂也不耽误我精致啊”“遛小孩”“晒紫外线”等；被誉为川味辣奶奶的罗姑婆用一口流利地道的川味方言和夸张的表情，一本正经地议论着乡村百态，传递出别样的反差喜感；美食博主陕西老乔则通过标志性的陕西方言，如“嘹咋咧”“美得很”“再来一瓣蒜”等，吸引观众观看菜品制作过程。[①] 这种表达营造了强烈的地方归属感，从而获得了本地观众的支持，使其自然地代入了自己的爷爷奶奶形象，多元化口语内容也增强了短视频内容的娱乐性和感染力。

形象个性化：深耕形象特征。在众多银发网红中，容易出圈的银发网红大多能够根据现实形象打造适合自身的媒介形象，从而避免“拟态形象”与真实形象的割裂和疏离，同时向观众传递亲切感。比如，济公爷爷游本昌，充分调用了济公无所不能的角色特性，鼓励劝勉年轻群体要以乐观的心态拥抱生活，这个角色也是众多观众的集体记忆，游本昌爷爷的媒介呈现方式打破了想象与现实的壁垒，让济公走出银幕，给予我们慰藉与力量。同样，汪奶奶也通过高跟鞋和积极的人生态度打造了独特的媒介形象，成了观众眼中的精致奶奶，同时她也善于将推崇的“活好自己”“爱人先爱己”的价值观融入男女恋爱场景，

① 付天聪 . 抖音老年网红短视频营销策略研究：以“头部”账号为例 [D]. 西安：西北大学，2021.

她成了“她时代”女性意识觉醒的代言人；[①] 银发网红“暴躁奶奶”则将“暴躁”二字作为自己的个性特点，将大反派的角色演得活灵活现，被称为“容嬷嬷二代”。奶奶通过坏人的形象披露社会上的丑恶现象，如碰瓷、蛮不讲理、卖劣质果蔬、骗财等，剧情往往以被大众污名化的老太形象开头，激起观众的愤怒情绪，随后通过大反转破除大众对老太的刻板印象。

声音个性化：渲染个性氛围。在银发网红短视频中，爽朗的笑声成了非常突出的声音语言，在许多银发网红的短视频中都会存在极具辨识度的笑声，如田姥姥、耀杨他姥爷、潘姥姥这些银发网红的笑声作为一种具象化的媒介符号，承载了银发网红的个性。同时笑声也营造了开心愉快的气氛，极富感染力。此外，一些银发网红账号善于使用音效和音乐打造个性声场，如“神探大妈”常常用密集急促的鼓点营造紧张气氛；“秦巴奶奶 灭霸爷爷”则喜欢将舒缓悠扬的纯音乐作为背景音乐，再辅以大量家庭生活中的同期声，渲染宁静恬淡的乡村氛围。这些独特的声音符号都能成为调动观众情感的有力工具，也是呈现银发网红个性的媒介符号之一。

第二，年轻化策略：打破年龄界限，重返青春舞台。在银发网红短视频中，银发网红会通过年轻化的称呼方式来拉近与观众的距离，通过语言符号的使用来构建年轻化、亲切的个人形象。比如，潘姥姥会用“你小子”来称呼观众，汪奶奶会将观众亲切地称为“小闺蜜们”，北海爷爷会称呼观众为“大小朋友们”，济公爷爷游本昌会称呼观众为“娃娃们”。相较于“大家”“粉丝朋友们”等称呼，这种亲密的表达方式会在一定程度上消减观看者的陌生感，增加与银发网红之间的情感沟通。此外，银发网红账号还会在视频中使用大量的网络流行语，如“只穿高跟鞋的汪奶奶”在视频中使用最多的表述是“冻龄女神”“江湖大妈”。她的作品频出金句，如“拜拜就拜拜，下一个更乖”“明明白白洪世贤，犹犹豫豫何书桓”“破车才需要备胎，放手就放手，不做爱情的走狗”等，收获了一大批粉丝，这些金句的用词来源于网络流行语。这种网络流行语的使用是一种基于青年群体的文化表演，该账号凭借青年亚文化的话语逻辑展开戏谑式表达，精准引发了群体共鸣。

形象年轻化：追赶时尚新潮流。通过分析银发网红的媒介形象建构，笔者发现有不少银发网红喜欢在短视频中通过展现时尚穿搭、街拍和精致的生活方式表现其年轻与潮流的

① 潘雪樱．抖音平台老年网红媒介景观研究 [D]. 湘潭：湘潭大学，2021.

一面。比如，张双利老爷爷虽然年事已高，但依旧喜欢戴炫酷的墨镜，穿优雅的西装，玩潮流的运动；爱跳舞的小顽童爷爷也会在视频中通过佩戴可爱的帽子，穿卡通的衣服，和奶奶一起表演手势舞，展现其乐观的生活态度；末那大叔和北海爷爷都喜欢身穿高档奢华的西装。他们不被年龄限制，积极尝试年轻人所喜爱的新鲜事物，打破刻板印象，用年轻人喜闻乐见的方式展现自身的特色和魅力。

叙事年轻化：聚焦热点话题。本节通过分析银发网红短视频的文本内容后发现，大多数的银发网红短视频会选择契合年轻人喜好的话题或当下社会的热点话题进行演绎，如“流星锤老爹”的账号定位是宠爱妻子的爷爷，通过展示当下流行的“秋天的第一杯奶茶”“冬天的第一颗草莓”“520 红包”等仪式刻画了一位备受爷爷宠爱的“小公举”奶奶；潘姥姥喜欢用传统食物做奶茶、甜品等年轻人喜欢吃的“垃圾食品”，济公爷爷游本昌和鮀城大叔则会关注当下飞速发展的人工智能的适老化设计，甚至还有一批银发网红直接进军直播带货领域，在新的赛道上大放光彩。这些热点话题能够为年轻人和老年人打造出共同的意义空间，让年轻群体更乐于关注银发网红，实现两代人和谐共处。

第三，互动性策略：打破单向说教，传递岁月魅力。银发网红的评论区为受众提供了一个讨论空间，两代人可以对热点交换看法，同时获得情感支持。[①] 例如，“济公爷爷，你可以用你的扇子帮我扇一下生活的不易吗”“爷爷，我最近压力好大，很多事情都是顾及得太多”“寒假要结束了，半夜补作业被妈妈发现了，妈妈要撕掉我的作业”……在许多评论互动中，网友愿意分享自己的困惑与迷茫，而银发网红作为一名老者，有比大多数人都更加丰富的人生阅历，更适合做倾听者，在一听一说的互动过程中，年轻群体得以体悟人生道理、疏解郁结的心绪。银发网红借助互联网实现代际互动，在互动中使受众感受到了一种连续的陪伴感和依赖感。有网友曾发自肺腑地评论道：“奶奶，第一眼见您就很喜欢，看了这么多您的作品，现在觉得越来越亲切了。”

银发网红的内容互动主要分为两个方面：一方面是视频内容互动，另一方面是简介内容互动。视频内容互动指的是拍摄题材是网友在评论区中提到的想看的内容，比较典型的是“末那大叔”账号，网友曾在评论区表示希望出现一个多巴胺爷爷组合（当下热门的穿搭），又有网友私信爷爷并提问“如何过六一”，“末那大叔”便将两者结合在一起，推出

① 王英英. 基于扎根理论探究抖音银发网红的走红密码：受众的关注、情感与认同 [J]. 新媒体研究，2022，8（1）：1-7.

用多巴胺穿搭度过六一的视频。这种问答式的视频目前也成了“末那大叔”账号的一个特色系列视频。银发网红通过和网友的问答式互动，让更多网友的心声在偌大的互联网场域被听见，从而使网友对银发网红产生独特的依赖情感。简介内容互动则是指银发网红用一句或两句疑问句作为视频简介或开头，引导网友在评论区回答问题。比如，“抖音上你们最爱看谁的视频？”“姥姥用竹子做的冰棒你们觉得棒不棒啊？”等，这种互动方式能够增强网友在短视频中的参与感和获得感，使短视频更加吸引网友。

三、银发网红短视频情感传播的影响

银发网红短视频对个人、群体乃至社会最大的积极影响是能够弥补情感缺位，实现正向价值引导，弥合代际鸿沟。互联网模糊了年龄的界限，不仅在不断地使童年消逝，还在不断地使老年消逝。[①] 对于老年人来说，随着儿女成家立业，自己退休养老，进入空巢阶段。银发网红短视频则为老年人构建了情感共鸣场域。对于银发网红本身，可以通过和年轻群体的互动聊天排解内心的孤独寂寞感；对年轻群体来说，当看到银发网红时他们自然而然地会想到家中老人，从而产生很深的情感认同，在与银发网红互动聊天中，他们弥补了自身的亲情遗憾，也能设身处地地了解老年人的困境与需求。

在新媒体环境下，银发网红所呈现的“拟态形象”虽然在很大程度上缓解了老龄化的焦虑，但老年群体努力拥抱数字时代，为了观感上的新鲜感极力剔除刻板老年人标签的行为，也侧面反映了他们内心的空虚与不自信。银发网红的出现虽然为老年群体树立了形象和价值标杆，提供了新的生活可能，但也会造成社会对老年群体形象与价值的过分要求和苛责。即使银发网红引领老年群体在互联网时代以“主角”的身份登场，但“网红”的本质还是一种被打造出来的媒介形象，其背后也有不少资本的加持和经济诱惑，对银发网红来说，需要警惕自己落入平台的商业陷阱，避免因过度情感劳动而损害身体健康。

银发网红通过在抖音平台上宣传“不惧老”“年轻不设限”等积极的人生态度和价值理念，向年轻群体成功地展现了个性化和年轻化的媒介形象。他们通过情感传播策略和互动方式不仅在情感上满足了年轻群体在社会化陪伴与个体解压两个层面的需求，还使他们自身在与年轻群体的交流过程中获得了自我肯定和心理上的满足，找回了社会参与感与自

① 牛梦琦 . 银发短视频抖音受众传播效果研究 [D]. 郑州：河南工业大学，2022.

我效能感。银发网红短视频的情感传播是双向的，它在提供给受众情绪价值和情感依赖的同时，也实现了情感反哺，使得“老有所用”，彰显了银发群体的独特价值。但要注意在构建“新老年”媒介景观时避免形成新的群体内文化“断层”和过度情感劳动。[①]

① 李彪.数字反哺与群体压力：老年群体微信朋友圈使用行为影响因素研究[J].国际新闻界，2020，42（3）：32-48.

第六章

基于短视频平台的银发网红口语传播符号

符号在传播学中具有极其丰富的含义，作为人类传播最基本的要素，其在传播学研究领域应用非常广泛。符号学发端于西方，结构主义语言学奠基人索绪尔在其著作《普通语言学教程》中提出了能指（signifier）和所指（signified）的概念，其中能指也被称为意符，所指也叫作意指。[①] 美国知名符号学家皮尔斯提出了符号三元论，将符号分为代表物、对象和解释项三个组成部分，让符号衍义无限开放。国内学者赵毅衡借鉴了西方符号学理论，给符号下了一个比较清晰的定义：符号是被认为携带意义的感知，也就是说意义必须用符号才能表达，而符号的用途是表达意义。[②] 此外，传播学一般也将人类使用的符号分为语言符号和非语言符号两大类。[③] 当前，短视频视域下还没有对传播中符号运用机制进行系统全面阐释的研究，且现有研究方向集中于城市传播、国家形象建构和文化传播，缺少对情感传播以及对特定人物或群体的关注。在与本节研究主题关键词契合度较高的文献中，赵玥以符号互动论为基础，从传播要素入手，探索原生视频广告中情感的符号化互动机制和传播路径，发现传者通过对叙事文本的符号化呈现来模拟“情境”，受者在这种“情境”中会主动调动记忆来寻求共通的符号意义空间。[④] 邢琳婕在研究网络直播带货的群体情感传播时提出，直播带货的标志性符号（如口头表达和其他标志）起着唤起群体成员身份认同感，深化其对互动仪式的情感共鸣等作用，但未对所谓的“标志性符号”进行

① 索绪尔. 普通语言学教程 [M]. 北京：商务印书馆，1980.

② 赵毅衡. 重新定义符号与符号学 [J]. 国际新闻界，2013，35（6）：6-14.

③ 郭庆光. 传播学教程 [M]. 北京：中国人民大学出版社，2011.

④ 赵玥. 符号互动视域下原生视频广告的情感传播研究 [D]. 成都：成都理工大学，2020.

明确界定和深入分析。①

传播是旨在共享意义的双向符号互动行为，人通过媒介技术，将符号变成了自身。符号被认为是携带意义的感知，而这一感知只有经过一定的时空距离才能到达接受者。符号让意义的传播有了介质，并且不需要传播的事件或主体在场，同时符号学让我们能够精确地描述文化传播的运作方式。② 延森提出："大部分日常生活中包含着指号过程——解释和使用符号的过程。而我们之所以这么做，是因为我们具有从过去的人际传播及大众传播中获得的符号学知识。"③ 音乐的传播也是信息交流的一种，是一种双向协商的模式，在传播中意义得以产生。"符号互动论"最早由布鲁默提出，在与库恩进行一系列理论探讨后，社会心理学家乔姆·曼尼斯和伯纳德·麦尔兹对符号互动论做出总结，人类的行为和交往是通过符号的运用与解释来实现的。人们在互动中通过共同理解符号的含义来交流、理解和协作，符号互动论认为社会现象由日常生活中的相互作用与符号交流构成。另外，符号互动论强调人在社会交往中的主动性和创造性，认为人并非由社会结构决定，而是能够通过符号交流来塑造并创造社会现实。

第一节 短视频平台银发网红风格化语言的使用

自媒体时代，网红传播具有风格泛娱乐化、内容生产全网民化、传播跨平台化的特点。网红传播也存在生命力不足、营销方式有待改善、传播方式单一等问题，需要通过加强产品与网红气质的融合，打造品牌，提高网红品牌与网络文化的融合度，打造网红传播的多元着力点等策略来提升其传播价值。④ 随着老年网民群体规模的逐年扩大，银发网红成为互联网场域的后起之秀，在各大新媒体平台大放光彩。其中，抖音等短视频平台作为

① 邢琳婕．互动仪式链视域下网络直播带货的群体情感传播分析 [D]. 武汉：中南民族大学，2021.

② 刘小波．符号互动与泛符号化：流行音乐的传播机制研究 [J]. 现代传播（中国传媒大学学报），2022，44（8）.

③ 延森．媒介融合：网络传播、大众传播和人际传播的三重维度 [M]. 刘君，译．上海：复旦大学出版社，2014：7.

④ 张瑞．自媒体时代网红传播的特征、存在问题及对策研究 [J]. 传媒，2016（16）：87-89.

国内日活跃用户数量处于第一梯队的社交媒体软件，更是孕育银发网红的摇篮。抖音上涌现了诸多百万粉丝量级的银发网红账号，如以美食类视频为主的“潘姥姥”“陕西老乔”，以搞笑类视频为主的“我是田姥姥”“江湖大妈”，甚至还有以时尚类视频为主的“只穿高跟鞋的汪奶奶”“康康和爷爷”，这些账号都凭借独具特色的视频风格在众多青年网红账号中脱颖而出。针对银发网红在短视频平台的媒介实践已有诸多研究成果，本节将从口语传播角度，研究银发网红基于短视频平台的风格化语言，分析银发网红群体的口语传播特色。

一、短视频平台银发网红的风格化语言

第一，具有贴近观众的亲和力。从抖音头部银发网红的取名可见，大部分银发网红都不约而同地以“爷爷”“奶奶”“姥姥”等带有年龄标识的词语为名，这类称呼本身带有亲缘属性，对年轻人有着天然的亲和力，更易唤起观众的身份代入感。这种代入感与亲切感往往也是最初吸引年轻用户停留的原因。这在口语表达中同样有明显体现。从内容的角度来看，带有亲缘属性的称呼也是银发网红视频中的高频用语。下面是“潘姥姥”最热门的一条抖音短视频的文本节选：

这可是好东西，姥姥给你做碗柚子糖吃。

你小子等着，姥姥今天就让你开开眼界。

那是你不会吃啊，姥姥做出来，你就知道什么味道了。

来，帮姥姥尝尝苦不苦，一定要多洗几遍，才能去掉苦水。

那是！喜欢的，给姥姥点个小爱心哦。

以上是这段视频内所有潘姥姥说的话，可见她全程将“姥姥”作为第一人称，而若计算上潘姥姥与其他人互动的对话，平均每 10 秒该视频内就会出现一次“姥姥”的称呼。尤其是与子孙共同经营的账号，更易在视频内容中听到“爷爷、奶奶”等称呼，这样的称呼拉近了观众与银发网红之间的距离。

此外，亲和力还体现在对话的零距离感上。戈夫曼提出，只有在交接各方不仅赋予自己的行为以意义，而且理解或者寻求理解他人给出的意义的情况下，才能发生真正的交

流。[①] 在我国传统文化及代际观念中，长辈在话语权、形象等层面享有绝对权威。固化的身份标签导致后辈长期屈从于单向的前喻文化，双方因缺乏有效互动而难以实现理念融合，“刻板陈旧”与“年少无知”便成为双方超越实质矛盾、触发争执的符号代称。[②] 银发网红在言行举止上努力向年轻人靠拢，对话时很少使用祈使句，而是将观众作为平辈对待，这种姿态消弭了长辈对后辈的压迫感，使观众更愿意从友人视角观看视频，无形中消除了观众与银发网红之间的距离感。以“我是田姥姥”为例，田姥姥的视频多为外孙对姥姥的捉弄以及姥姥带有喜感的反应。姥姥面对外孙的戏弄虽流露出愤怒与无奈，但语气轻松、用语平和，巧妙化解了长辈与小辈之间的隔阂与代沟，为观众营造了轻松愉快的观赏体验。这种零距离感的营造不仅让观众感到银发网红的可亲，还让观众更好地理解和感受老年人的生活与情感。

银发网红的亲和力也体现在他们的观点、价值观和生活态度上。与年轻人相比，老年人更加看重家庭、友情和亲情等价值观念。银发网红用自己的生活经验和智慧为观众传递了许多积极向上的生活态度与价值观。他们的分享和表达不仅能够让人感到温馨与感动，还能够让人从中得到启示。例如，“只穿高跟鞋的汪奶奶”，常借助短剧载体，讲述她对年轻人的建议，为年轻人指点迷津。总的来说，银发网红的亲和力是吸引观众的关键要素之一。凭借与观众零距离的接触以及价值观念上的深度共鸣，银发网红账号成功营造了轻松愉悦的观看体验。

第二，生涩但大胆的语言表达。以创作剧情类、搞笑类短视频的银发网红，最突出的特点就是在镜头前念台词时，常透露出生硬的表演痕迹。这些银发网红并未接受过专业训练，并且与舞台表演的距离比较遥远，动作、表情以及台词功底都难以自然地撑起一个剧情类短视频。所以，他们在镜头前念台词时会留下一些生硬的表演痕迹。不过，他们的语言表达相当大胆，不像其他人那样矜持。正是这些表演痕迹让他们的视频更加真实可爱。他们不尽完美，却因此更接地气、更贴近观众。因此，他们的短视频内容虽然有些许生硬，但充满了亲切感和温馨感。这种风格也正是他们受到观众喜爱的原因之一。

同时，银发网红的表演又具有声音洪亮、表情和动作夸张等特色，增加了喜剧效果。以“江湖大妈”为例，短视频展现的是闺蜜间的搞笑生活，每个视频都可以看出是以现实

① 沃特斯．现代社会学理论 [M]. 2 版．杨善华，李康，汪洪波，等译．北京：华夏出版社，2000：26.

② 李豪，赵红艳．符号互动论视角下银发网红在青年群体中圈粉现象分析 [J]. 新闻爱好者，2022（3）：110–112.

为参照的夸张化戏剧表演。老年人在表演上的生涩更贴合其素人身份，在凸显短视频平台“人人都能做网红”的特点之外，还表现出了银发网红进行媒介实践的积极性，让观众看到了老年群体对融入互联网社会的自信。银发网红在短视频平台上的崛起为观众带来了不一样的视听盛宴。在这个社会，观众已经对注重精致外表的青年网红产生审美疲劳，而银发网红的真实展示、幽默诙谐、坦荡性情等优点越来越受到观众的喜爱。

第三，打破刻板印象的反差感。老年人与新媒体的碰撞是银发网红得以吸引观众的一大利器，其核心在于“老”与“新”的反差。在新媒体平台鲜有老年人发声的机会，公众在媒介塑造的拟态环境中对老年人的误解不断加深，对老年人的刻板印象也逐渐形成。[①]青年一代主导的互联网场域对于老年人整体形象的呈现更多的是一种“他者”的叙述，而这种第三视角的呈现难免带有个人主义色彩的偏颇和不客观。不同于对其他社会群体在遭遇错误塑造时，会受到当事人的监督，老年群体由于网络自我表达的缺位，易被掌握话语主导权的青年网民任意捏造形象，代际隔阂由此不断加深。在社会普遍认知中，老年人的社会人设是沉稳慈祥、柔弱安静的。在银发网红短视频中，老年人展现了可爱、知性、有趣等热爱生活的一面，建构出了反差形象，这能够增加用户的观看兴趣，用户对银发网红短视频内容的关注又使老年人短视频兴起与火爆。[②]“淘气陈奶奶”的视频以展现淘气的奶奶与新鲜事物的碰撞为主，奶奶的“淘气”与刻板印象中的“沉稳”形成了极大反差。视频中的奶奶语言大方活泼，“不服老”与“赶时髦”的气质充斥于视频中，吸引观众持续不断地关注奶奶挑战新事物。

银发网红群体的出现让人们对老年人形象的认识发生了改变。例如，汪奶奶和北海爷爷，他们穿着打扮时髦、行为举止年轻，人们在第一时间看到他们的照片时会惊叹不已。这也让人们意识到，老年人并非固执守旧、不追求时尚，他们也有自己独特的风格和喜好。汪奶奶和北海爷爷的时尚范儿不仅仅体现在他们的穿着打扮上，还体现在他们的思维和行为举止上。他们谈吐得体、思路清晰，在视频中往往扮演着“问题解决者”的角色，这种独特的气质让人们觉得他们既自信又独立。他们的出现也打破了社会对老年人固执守旧、思维迂腐的刻板印象，让人们看到了老年人的另一面。大众媒介能否构建恰当的老年群体形象关系到国家提出的“积极老龄化”发展战略的实现程度与范围，也影响着老年群

① 刘阳，冷淞．老年群体的网络实践：基于短视频社交场景中的“银发网红”研究 [J]. 电影评介，2021（16）：109-112.

② 付天聪．抖音老年网红短视频营销策略研究：以“头部”账号为例 [D]. 西安：西北大学，2021.

体平等社会地位的实现。① 随着社交媒体、短视频等新兴媒介的涌现，老年群体逐渐在这些媒介上展示出自己的才华，通过网络走向大众，甚至成为网红。

二、银发网红风格化语言传播的作用

第一，消除刻板印象，传播老年人正面形象。长久以来，中老年人都被认为与互联网及其附属的新媒体无缘，尤其是新闻媒体针对老年群体的报道，屡次加深了大众对老年人抵触新鲜事物、难以熟悉互联网的刻板印象。银发网红的兴起，一方面，直接打破了“老年群体不会使用手机与社交媒体”的观念，并展现了老年群体积极融入新时代的朝气。另一方面，短视频的风格化展现，打破了人们对老年人不时尚、不活泼的刻板印象。“高龄网红颠覆了人们对于老年人的刻板印象，成为互联网上一道独特的风景。这些以‘老年’为看点的IP所聚集的粉丝以18~35岁的青年人群为主，银发网红成为连接‘信息原住民’和‘信息移民’的纽带，达到了跨越互联网代际圈层的效果。”② 例如，“蔡昀恩”中的百岁奶奶，对新鲜事物具有极大兴趣，语言表达坦率直白，尽显老年群体的自信风度。又如，爱秀恩爱的小顽童爷爷，大方地在视频中表达对老伴的爱，积极传达了夫妻白头偕老的情感观。

同时，银发网红也在传播老年人正面形象方面起到了积极作用。首先，银发网红展示了老年人的活力和魅力。他们不仅在外貌上保持了良好的状态，还表现出了积极向上的生活态度和精神状态，让人们看到了老年人的另一面，不再局限于传统观念中的“老龄化”和“无能为力”。其次，银发网红打破了老年人的年龄壁垒。他们通过网络平台与年轻人互动，分享自己的生活经验和智慧，成了一个富有价值的存在。这些互动也增强了年轻人对老年人的认识和理解，消除了年龄隔阂。最后，银发网红鼓励老年人积极参与互联网和社交媒体，通过分享自己的生活和经验，老年人也可以成为社会中有价值的存在。这种积极的参与不仅有助于老年人保持活力和良好的精神状态，还有助于推动社会的多样化和包容性发展。中国综合社会调查（CGSS）中60岁及以上老年人的实际情况表明，使用互联网的老年人明显拥有更高的主观幸福感，但互联网使用频率与老年人的主观幸福感并非简

① 高兰英. 大众传播媒介建构下的老年媒介形象研究 [J]. 东南传播，2015（3）：68-70.

② 李豪，赵红艳. 符号互动论视角下银发网红在青年群体中圈粉现象分析 [J]. 新闻爱好者，2022（3）：110.

单的线性关系，身心健康和社会支持在二者之间发挥了显著的中介效应，且身心健康的中介效应明显强于社会支持的中介效应。[①]银发网红健康优雅的生活、快乐积极的人生态度，乃至与年轻人无障碍交流、愿意尝试新事物的媒介姿态，生动展现了老年群体富有时代魅力的崭新形象。“银发网红”作为一种独特的网红景观，其崛起存在一定的偶然性和必然性，既体现了银发群体积极融入新媒体环境，争取媒介话语权的态度；又体现了银发群体重塑媒介形象，消除刻板印象，更新大众认知的尝试。[②]在他们身上，传统与现代交融、质朴与潮流并行、前喻与后喻共存，受众开始重新审视、理解银发群体的魅力，这进一步促使网络平台提升对老年受众的包容度，形成平等、和谐、健康的老年媒介生态圈。

第二，丰富短视频平台内容。银发网红的出现不仅能够传递积极的信息和价值观，还能够丰富短视频平台的内容层次，增加平台的内容多样性和包容性。在以青年网红为主的短视频生态中，高质量与精致美已成为短视频创作者的进化趋势。在其中，用朴实的装扮展现与传统印象不同的自信风格的老年人，无疑使审美疲劳的观众耳目一新。

“热衷于分享的老人不仅有积极主动的创造力，也有其他年龄层的人没有的感染力和生活气息”[③]。银发网红所传递的信息和内容同年轻人感兴趣的内容有所不同，更注重生活智慧和情感体验的传递，为观众提供了不同的视角和体验，丰富了平台的内容层次。他们的出现也拓展了平台的受众群体。随着社会老龄化的加剧，老年人已成为一个重要的社会群体，他们也在逐渐接受和使用短视频平台。银发网红的短视频可以为老年人提供更多有益的信息和内容，同时可以增进年轻人对老年人的关注和理解。

随着社会老龄化加剧和短视频的普及，银发网红已成为短视频平台上一个备受关注的群体。他们以自己的方式展示着老年人的才华和热情，打破了传统媒体对老年人形象的刻画，重新树立了老年人的正面形象。银发网红的风格化语言极具亲和力，他们以平易近人的语言与观众沟通，让观众回忆起自己的亲属，缩短了与观众的距离。另外，银发网红的风格化语言也具有生涩但大胆的特点。他们并不会因为自己年纪大而在语言上过于拘谨，反而更容易在表达自己时流露出自信和胆略，重新树立起了老年群体热爱生活的正面形象。这种大胆的语言风格也正是年轻人在短视频平台上所追求的，银发网红在这一点上

---

① 蒋俏蕾，陈宗海 . 银发冲浪族的积极老龄化：互联网使用提升老年人主观幸福感的作用机制研究 [J]. 现代传播（中国传媒大学学报），2021，43（12）：41-48.

② 陈乾 . 抖音短视频“银发网红”的媒介形象塑造研究 [J]. 新媒体研究，2021，7（1）：66-69.

③ 甄小雅 . 认知一致论视角下“网红老人”现象的成因分析 [J]. 视听，2019（11）：184.

与年轻人很相似。此外，银发网红的语言风格也有强烈的反差感，他们在视频中会使用一些与年龄不符合的词汇或表现方式，这样的反差感往往能激发观众的兴趣，引起他们的关注。这种反差感也是银发网红在短视频平台上得以凸显的一大因素。

综上所述，银发网红的风格化语言具有亲和力、生涩但大胆、反差感强和多元包容性等特点，这些特点让银发网红得以在短视频平台脱颖而出，并激励更多老年人通过短视频平台展示自己的才华和魅力。

第二节 短视频平台银发网红方言与语调的使用

近年来，银发网红已经成了互联网平台的新兴传播主力。他们依托老年人的身份和丰富的生活阅历，或展示一技之长，或传递知识哲理，或出演各类情景剧……“银发”身份与短视频结合所带来的反差感、笑点、特殊风格让银发网红拥有了独特魅力。还有这样一批银发网红，他们口说乡音、语调极富特色，在短视频中成了一道别致的风景线。本节以抖音上的银发网红为分析对象，尝试通过具体案例来探讨方言和语调对于银发网红口语传播的作用与影响。笔者在中国知网上搜索关于方言和语调的口语传播研究，发现相关文献较少，基本上是针对方言传播特点的分析，而且针对的是节目或是影视剧中方言的分析，分析语调的传播学文章几乎为零。沙德芳针对上海广播节目《侬刚 what》和《侬唱 what》的方言使用分析，得到了节目话风新潮活泼、让人产生认同感的特点的结论，也发现了口语传播过程中泛娱乐化、盲目跟风的缺点；[①] 还有基于科技哲学视角研究影视剧中陕西方言传播特点的文献，不过其所得结论并非落脚在影视作品传播力上，而是对方言和文化本身的影响上。直接搜索方言传播的研究，研究重点往往聚焦在新媒介时代如何保存 / 传承方言、传播方言上，针对短视频网红的方言传播研究也仅是立足年轻网红和传播整体趋势而展开的。可见，口语传播中围绕方言和语调且以银发网红为研究对象的相关探讨亟待深入。

---

① 沙德芳 . 地域性广播节目口语传播的创新与发展：以 KFM981《侬刚 what》和《侬唱 what》为例 [J]. 科技传播，2018（2）：14-15，19.

一、基于“三根葱”案例的方言与语调使用分析

“三根葱”（MCN 机构：梦鹿文化）——语调差异分明抓情绪，方言豪迈直接拢人心。“三根葱”以三位陕西老汉为拍摄主体，组合名取自“生活离不开葱”。该账号通过拍摄以劝学、人情世故为主题的正能量情景短剧，在抖音上收获了一千多万粉丝。三位老汉的人设最初是挖煤工人，他们都说着一口地道的陕西方言，并在短剧中发挥不同的角色功用。在“生活离不开葱”的短剧合集中，“大葱”陆万荣和“三葱”陆建昌主要负责事件引导和情景演绎，而“二葱”缑永兰负责金句总结，如“大葱”说：“你说你，上得了王者，打得了连胜，推得了水晶，却无法把学习搞好。”紧接着“三葱”说：“拿得下 N 港，干得了机场，杀得出 G 港，可这有啥用嘛。”“二葱”扛起大包，边走边总结道：“莫等闲，白了少年头，空悲切。”

在上述时长不到 20 秒的视频里，三个人分别说出了三种不同的语调。大葱的话在整个视频的开头，起到了起势的作用，语调一般是平直调；观众在大葱循循善诱的引导下，投入今天所要探讨的话题。三葱的话处于整个视频的中部，是对先前大葱的话的再补充和再强调，因此在情绪上会有明显起伏，所以他的语调一般是升调或曲折调，观众会被三葱激昂的情绪所感染，再次加深对于今日话题的印象。最后二葱作金句总结，以一个扛大包的过来人形象，淡淡地结束今天的话题，所以他的语调是降抑调，这种降抑的感觉让观众自然联想到三人挖煤工人的身份与今日探讨的话题，油然而生一种过来人的慨叹与带着生活重负的苦口婆心之感。无奈的叹息在此时比高亢激昂的呐喊更有感染力，因为呐喊时还有希望，而感叹下一切已成定局，再无后路可退。短短 20 秒内的视频浓缩了一般故事拥有的开头、高潮、结尾，而且不妨碍观众对今日话题的理解——不仅是因为其中的案例选择和总结句贴合人们的生活，还因为三个人的语调拥有明显的差异，观众能从中极快地感受到情绪起伏，并迅速见到事件恶性发展下去的结果。不得不说这样的安排着实巧妙，也使“三根葱”账号在短视频时代产生了极强的传播力和影响力。

不过需要注意的是，虽然“生活离不开葱”这一短剧合集塑造了账号的风格，但在视频下的评论区里，我们仍然能见到未被“感动”“劝服”的评论。当观众对这种口语传播渐渐形成了模式化的记忆，口语传播的效果会减弱。这就如同父母整日在我们耳边唠叨，听久了便能知道这唠叨大概到什么时候会出现情绪波动，到什么时候会语重心长，此时作为听者，若不愿听唠叨、劝服，便会自然地自建一层“保护罩”——中断话题。映射到短

视频上来，可能就是看下一条短视频。所以，虽然语调在传播和影响力上极大地帮助了“三根葱”成为抖音上留存最久的正能量短剧账号，但也要注意语调的红利只是一时的，当老观众都能猜出今日话题的导向时，那又何必来看短视频呢？

也许是意识到了这一点，“三根葱”团队除了更新“生活离不开葱”合集，还在更新许多短篇情景剧：剧集每次围绕一个人情世故的小知识展开，从个体到集体、从身边事到热点……三人通过轮番扮演不同角色，再次利用方言和语调的红利，使短视频产生了极好的传播效果。例如，在关于网络热梗毒害青少年的视频中，三葱扮演孩子他爸，大葱扮演学校老师，二葱扮演邻居老大爷，一个约两分钟的视频一共拥有四段热梗滥用的情节，随着故事的发展，孩子对热梗的滥用越来越严重，一开始只是父亲着急，到最后两人争吵，情节循序渐进，情感铺陈合理。在这一短剧中，由于所有人都说着一口陕西方言，加之以故事引入，首先，整个视频就没有了高高在上的说理性，让观众能够接近故事中的角色，体味角色的感情变化。其次，因为方言的使用，观众就如同在看邻居家的家长为孩子操心着急。方言为整个故事增添了生活气息和真实感，加强了传播内容的可信度；同时，陕西方言的豪迈、直接，在听感上就让人觉得三人述说的都是靠谱、实在的建议。因此，这样的短视频既能贴近观众，又有较高的可信度，传播起来自然影响力大。

除了上述的短剧，“三根葱”还会偶尔接商单，宣传家乡的农产品。当三人用陕西乡音说着以功能价值为主的产品名时，竟然还能听出一丝亲切感。在网络中，方言对属于同一地域的人来说，远远比普通话亲切。在网络普及农村之后，音视频表达的便捷性以及自身文化素养的欠缺，方言在农村人群中得到广泛传播，形成了“你一言我一语”的网络社交，弥补了现实中地理限制导致的交流不便的缺陷，进一步增强了亲切感。① 加之如今强调乡村振兴，方言乡音的传播顺应了时代趋势，受人欢迎。

二、基于“蔡昀恩”案例的方言与语调使用分析

“蔡昀恩”是银发网红喻泽琴奶奶的孙女，有关喻奶奶的生活日常都由孙女和孙子拍摄制作而成，主要的内容从“蔡昀恩”这个账号发出。喻奶奶的人设是说着一口四川方言，偏爱孙女，会和孙子插科打诨，平日还爱喝酒、撸串、喝奶茶，有一个经常陪自己出

① 吕建华 . 网络环境中我国方言传播的特点与路径 [J]. 今传媒，2017，25（9）：51-52.

去玩的好闺蜜（表婆婆）的百岁老人。账号偶尔会由孙子、孙女接些商单，此外大部分内容都是体现百岁老人喻奶奶乐观豁达、颇具个性的日常片段。这似乎是无 MCN 机构运营的个人账号惯常选择的手段，如“冲浪达人阿怡”“末那大叔”等，老人们的后辈运营账号，拍摄有关老人的日常趣事。方言的出现似乎给这样的日常趣事带来了熟悉感——这种熟悉感不仅仅发生在本地观众身上，即使是其他地区的观众，也可以像看待别人家的家族日常一般，理解家族里的传承、幸福与欢笑。方言传播的背后是文化的传承，人们对方言的亲切感还来源于对自己熟悉的生活和文化的高度认同感。采用何种语言传播，直接影响着用户的情感体验，方言这种带有明显地域特征的符号，为短视频传播带来了很好的传播效果。[①] 相比于用普通话介绍日常，方言更加接地气，更为整个家族的和睦带来了可信度，这正是方言的地域性带来的好处。

账号中祖孙加重孙四代人，都生活在成都，都受到了不同程度的方言的影响——作为祖母的喻奶奶讲着地道的四川话，而孙女孙子的方言更加符合当下年轻人的讲话状态，讲得不那么标准；重孙一代更加受普通话的影响，方言的味道不太重，但也仍然在说。这样的代代相传，让方言凸显了其时间性的特点。四代人都在用家族里的乡音言说，这使整个家族的日常都变得更温馨、更真实。由于账号中的内容大抵是奶奶的生活日常，或是由年轻人设置的话题引导奶奶做出反馈。奶奶的口语表达更偏即兴，带有更多个人风格，如在一期拍摄了很多回的“川渝地区孙子孙女的家庭地位”系列内，孙女说要去上班，喻奶奶立马接话：“上啥子班哦，吃了饭走。”孙女执意要加班，奶奶又接话：“加班，你听他的。加班有钱没得？”孙女表示有钱拿。奶奶便说：“有钱啦？那以后加班就是了嘛。”在孙女提出要加班的情况下，奶奶因为想留住孙女，语调一直都是升调；等听到加班可以拿钱，奶奶的语调变成平直调，表示对加班行为的认可。奶奶语调的转换给日常增添了乐趣。

接下来是面对孙子时喻奶奶的表现。第一个回合，当孙子刚喊出奶奶时，喻奶奶立马怼一句：“你不勤快点吃啥？”孙子委屈地说：“我下班了。”奶奶恨铁不成钢地说：“下班了……人家都没下班。”紧接着她又补充一句：“好多 90 岁的都在上班……”孙子不相信奶奶的忽悠，问奶奶是不是还在上班。奶奶目光游移着说：“我是嘛。”第二个回合，奶奶发出劝诫：“要不得哦。”孙子不服气：“该耍还是要耍。”奶奶着急地说道：“该耍……人家都没耍，你耍啥子。”孙子说早下班是想来陪奶奶，奶奶立马回绝：“我不要你陪我，我

① 李卫锋 . 活态传承：方言传播的短视频实践与价值思考 [J]. 中国广播电视学刊，2022（9）：65-67.

有儿陪我。”随后搬出孙子出去玩的不良后果：“那么大一个男的，想耍，哪个做饭给你吃哦！”孙子望着奶奶说：“你！”奶奶愣了一下，指着鼻子说：“你好意思说！”最后一个回合，奶奶催促孙子回去加班，孙子不乐意，奶奶连说五个“走”字，孙子不走，奶奶起身说道：“老子走了。”与孙子的对话是每一期“孙子孙女的家庭地位”中最有看点的一个部分。第一个回合里，奶奶的语速非常快，足见她想让孙子回去接着上班；在忽悠孙子说好多90岁的人都在上班的时候，语速放缓，语调平直，是奶奶诱导孙子的“软手段”。当忽悠不成，进入第二个回合，奶奶面对孙子的回怼，语调多次升高，就快被孙子的“懒惰”逼急了。最后一个回合，奶奶以一句降抑的“老子走了”出画离场，表达了对孙子“不上进”的嫌恶和无奈。

在邀请闺蜜出去玩的这一桥段中，奶奶一开始语速很快，语调高昂，符合她想找朋友出门玩的迫切心情；而当闺蜜用老头不高兴这一理由来搪塞的时候，奶奶先想无视，语速稍快地回应“让他在屋头”后，又让闺蜜叫上老头一块儿出门，语调此时变得平直，语速也缓慢了下来，是喻奶奶和人周旋时必有的状态。坐下等待的时间里，奶奶摆出出门玩的精彩项目，此时语调升高，期待闺蜜的回应；见单刀直入不行，喻奶奶又摆出大道理，语调升高、语速加快，颇有辩论之势，可见喻奶奶为了邀请闺蜜出门玩，使尽了浑身解数，但闺蜜没有被她说服，以自己脚痛作为推辞。奶奶见事态仍未扭转，有些耍赖地、着急地说话，此时奶奶的语速最快，目的最清晰，甚至在情绪上都进入了急躁状态，可见奶奶想出门的心情急迫，也让观众看到了老姐妹之间的逗趣日常。

终于把闺蜜劝说出门，两人在温泉边泡脚。喻奶奶问闺蜜：“这温泉巴不巴适？热不热乎？”闺蜜表示赞同。奶奶又问闺蜜：“你是不是经常去耍？”闺蜜表示懒得去耍。奶奶快速接话：“懒得去……钱留着做啥子？”闺蜜说：“舍不得。”奶奶又问：“你舍不得，留着做啥子？”闺蜜答：“揣在包包头。”奶奶问：“揣包包头做啥子？”闺蜜笑着说：“钱揣在包包头热乎！”在这段日常中，喻奶奶的表现仍然是以语调升高、语速飞快地提问为主，而闺蜜在回答喻奶奶提问的时候，一开始语调较为平直，问到把钱留着做什么的时候，语调降抑，和奶奶表现出了不一样的价值观。最后被奶奶连环问留着钱做什么的时候，闺蜜打趣地结合前几个问题，用升调结束这一回合的对话。两位四川奶奶的日常讲话一急一缓，语调对比鲜明，显得生动不枯燥，并且她们“银发身份”的加持，更让观众觉得两位奶奶是机灵的老顽童，她们的对话也变得格外可爱、趣味横生。

蔡昀恩账号下喻奶奶的日常，每条视频往往都在一分钟左右，往往包含好几段奶奶与家人、朋友、粉丝的互动，在孙子孙女的引导和奶奶的即兴发挥下，一条视频中往往以奶奶或朋友的一两句方言金句作为亮点，如之前的“有钱啦，那就加班嘛。”“老子走了！”“它痛它的，你走你的。”“钱揣在包包头热乎！”生动泼辣的四川方言配上个性鲜明的语调，让观众既能为视频里独具特色的地域乡音会心一笑，也能为奶奶的即兴反应喝彩叫好。每一条视频的主题都强化了喻奶奶果断直接、爱憎分明、重情重义、乐观豁达的特点，而每一条视频中的乡音和语调使这些主题被演绎得更丰富，更具真实感、亲切感。

上述提及的两个抖音账号中的银发网红，代表了当下运营此类账号的两种模式——MCN 机构运营和独立运营。同时上述两个账号都由年轻人代为拍摄、设计。“三根葱”和“蔡昀恩”可以说是银发网红账号的两类缩影，两类账号在方言和语调的使用上各有特色、各取其巧。不过两类账号的共同点，都在于很好地把握了方言的亲切感、真实感，让语言贴合人物形象，丰富了主题的表达。当银发的身份再与之结合，便在“三根葱”账号上体现为“过来人的劝诫”，在“蔡昀恩”账号上体现为“老顽童的日常”。观众通过方言和语调，清晰识别并赋予两类账号不同的形象，形成不同的认知与感受。由此可见，方言和语调在银发网红的口语传播中产生了巨大影响。

第三节　短视频平台银发网红背景音乐的使用

随着媒介化进程的推进，短视频平台上涌现了一批银发网红，对当下的媒介环境造成了不可忽视的影响。本节聚焦银发网红在短视频中使用的背景音乐，以抖音短视频平台为例，分析音乐这一非语言符号在银发网红进行角色塑造和价值传播中的意义。

一、银发网红短视频背景音乐的传播特征

老年群体和青年群体由于客观存在的年龄差，不可避免地在世界观和价值观上出现难以忽视的差异，也因此造成了代际圈层的很多误解。诺伯特·埃里亚斯在其著作《符号理论》中提出，符号是人类存在的第五维，人类经验世界必然通过符号媒介。音乐在老年群

体和青年群体的代际互动中符号化，成为一种中介，建构缺失的共通的意义空间，为圈层的融合与和谐共处提供能量。深入观察抖音短视频平台上10位粉丝数量超过300万的银发网红后，笔者总结出了银发网红短视频背景音乐普遍具有以下三个显著传播特征。

第一，流行化。银发网红在短视频中使用的音乐大多是传唱度和使用率很高的流行音乐。例如，“我和我的奶奶”账号在进行短剧创作时就大量使用热播剧与二次创作里常见的流行音乐，如《孤勇者》《起风了》《玫瑰少年》等。银发网红在选择音乐时有意规避小众和标新立异，将流行音乐作为符号，与青年群体沟通。一方面，银发网红尝试从青年群体的话语逻辑出发创造共同的互动平台，谋取共鸣，表现了老年群体对由年轻人主导的信息化生活的主动靠近，背后反映了年长者积极沟通的意愿；另一方面，银发网红在顺应青年亚文化话语逻辑的同时，更以抵抗—消解的方式，迎合了青年因求异思想和社会矛盾的现状而产生的自我保护与伪装。[①] 流行化的传播符号是老年群体主动提升媒介能见度的一种手段，流行音乐本身所具有的热度能够吸引老年群体的关注，增加视频曝光度，有利于老年群体实现自我表达，一定程度上改善了这群“信息移民”的赛博失语现状。

第二，统一化。统一化体现在单个银发网红选用的音乐整体风格基本统一。比如，阿木爷爷使用的背景音乐大多是国风音乐，钱文燕则使用清一色的轻松舒缓的纯音乐。音乐风格的选择首先是为服务视频内容，以便更好地进行观点和思想的传播，上述的阿木爷爷需要含典雅风格的音乐来渲染榫卯手工艺制作的氛围，钱文燕则需要轻音乐来缓解健康知识科普的枯燥，让观众处于一种轻松平静的状态，进而吸收知识。同时，统一的音乐风格能够凸显银发网红的个人特色，帮助银发网红完成社会角色形象的塑造，也有利于内容的传播。

第三，同质化。音乐符号的同质化与银发网红视频内容的同质化有很大关联。抖音银发网红的短视频风格、主题和模式大致相同，其中偏向娱乐化的日常趣事分享内容尤其多，也造成了同一轻松诙谐风格的音乐被重复使用在很多类似的视频里，导致了很多差异不大的银发网红的作品，在同市场中失去竞争力和新鲜感。

① 任蒙蒙 . 从“佩奇”走红看青年流行文化新特征 [J]. 新闻爱好者，2018（10）：33-35.

二、银发网红短视频背景音乐在符号互动中的意义呈现

第一，消除老年群体消极刻板印象。“保守”“弱势”“沉默”等标签是现代媒体常常赋予老年群体的符号，老年群体在青年人主导的网络文化中面临媒介形象模糊和话语权缺失困境，致使类似刻板、消极的认知借由声量更大者的传播，潜移默化地烙印于大众心中。老年群体承载的诸多刻板印象，正源自大众因了解不足而形成的有悖实情的误判。短视频平台使老年群体拥有了跨年龄沟通的机会，而音乐在这一代际符号互动过程中成了消除消极刻板印象的一大突破口。比如，抖音短视频平台上的“末那大叔”账号和“只穿高跟鞋的汪奶奶”账号，通过频繁使用流行英文歌曲并将其作为视频背景音乐，打破了大众普遍认为老年人不懂潮流、固守传统的观念。视频中西装革履、衣香鬓影的形象呈现和精致的生活方式，展现了老年人神采奕奕、活力时尚、乐观自信的精神面貌。音乐符号在沟通中起到了应对话语衰退，解构消极刻板印象的作用，使老年人作为大众眼中的数字弱势群体，实现了自我表达和能见度突围，为网红文化、粉丝文化泛滥的短视频环境带来了一股别样的风潮，同时展现了老年群体数字融入的可能性，为老年群体实现全面数字融入提供了宝贵的参考范例与新思路。

第二，承载公众普遍情感需求。戈夫曼在其“拟剧论”思想中提出，只有在交接各方不仅赋予自己的行为以意义，而且理解或寻求理解他人给出的意义的情况下，才能发生真正的交流。[①] 青年群体在观看银发网红短视频时本身就具有目的性，一般有弥补亲情空白的情感需求。抖音上的银发网红多将生活搞笑和亲情互动作为视频主题，如田姥姥视频中展现的质朴乡村生活，祖孙间其乐融融的搞笑日常；胡涵溪镜头下家人间温情脉脉的关照和依依不舍的分别。戈夫曼的拟剧论将人的社会活动分为前台和后台两个部分，银发网红在前台展示的形象与青年群体在后台感受到的老年长辈形象高度重合，使得漂泊在外、独自打拼的年轻人通过银发网红回忆起自己的亲人，对视频中表达的情绪感同身受。

音乐作为非语言符号，在情感传递中彰显出无意识、情境化与可信赖的特质。田姥姥选用《时间都去哪了》作为拍全家福视频的配乐，既定格了家庭成员逐渐增多的温馨画面，又映照着姥姥、姥爷青春岁月的悄然流逝，在满溢和睦美满的氛围里，弥漫着淡淡的酸涩。胡涵溪拍摄姥姥给妈妈包五千块的生日红包时，背景音乐则用了《有个爱你的人不

① 沃特斯 . 现代社会学理论 [M]. 2 版 . 杨善华，李康，汪洪波，等译 . 北京：华夏出版社，2000：26.

容易》，当歌词“为了你她可以什么都不要，不管你混得好不好，是否给她荣耀，她都愿意为你操劳”伴随悠扬的旋律缓缓响起时，母女情深的感人氛围被渲染到了极致。音乐相较于展现在表面的语言符号更加润物无声，作为短视频中的配角，可以给予观众更深层的心理暗示，潜移默化地通过氛围的渲染和情绪的推进满足观众的心理需求。随着短视频观众对听觉空间的依赖日益增强，听觉要素逐渐成为观众理解画面信息、想象画外空间、获得沉浸体验的重要载体。[①] 同时，非语言符号的互动方式相较于直白的语言表达更加委婉，能够在一定程度上避免煽情变得刻意，对于观众来说是更容易接受的，有益于代际沟通中意义的传输与理解。

第三，担当代际符号互动的桥梁。随着信息化进程加速和现代技术的更新，信息获取途径的单一和技术使用能力的薄弱使得大部分老年群体在追赶时代风潮时越发力不从心，逐渐与作为信息时代原住民的青年群体产生了鸿沟，代际圈层的隔阂也日益加深。

短视频平台的大热给这种“马太效应”的发展带来了转机，自由、便捷、易接触的自媒体成了连接“信息原住民”和“信息移民”的纽带，实现了跨越互联网代际圈层的互动。老年群体从青年群体的话语逻辑出发，运用年轻人的潮流来填补代际的共同话语空缺，消减时代文化差异，拉近心理距离。如抖音平台上的小顽童爷爷，在分享与老伴的甜蜜爱情时，多次选择热门手势舞和模板视频翻拍的形式，扩大了代际共通的意义空间。

银发网红倾向于在短视频中使用流行度高、风格统一的音乐，这一方面有助于增加视频热度，实现媒介能见度的提升，从而更有效地进行自我表达，改善老年群体在信息时代的失语现象，消除外界由于不了解老年群体而对其产生的消极刻板印象；另一方面有助于银发网红融入青年网民的语境，构建共通的意义空间，在与青年群体的互动中更好地传播情感与价值，创造敬老、爱老的和谐代际关系和社会环境。然而，背景音乐使用中存在的同质化问题也反映了银发网红目前面临的一些挑战，如作品差异小、过度追求娱乐导致的形象庸俗化、市场商业化带来资本操纵等。社会老龄化和全民信息化使得银发网红发展前景越来越广阔，期待未来能看到更多知识类和技能类的银发网红活跃在短视频平台上，使银发网红市场内容更加丰富，展现更多样、全面的老年群体形象。

---

① 庞忠海，于佳卉．短视频中东北民间音乐符号及文旅价值再造 [J]. 传媒，2023（18）：48-50.

第四节 短视频平台银发网红标志性语言的使用

本节结合抖音和B站两个短视频平台上的银发网红的兴起与发展现状，从银发网红具体案例中对不同类型银发网红的标志性语言进行解析，阐释银发网红标志性语言形成的原因及其对传播生态和老年人社会包容性的双重影响。在多领域的银发网红短视频内容中，值得分析的是银发网红的标志性语言（包括口头禅）。他们从自身实际情况出发，为了贴近真实体验感，或是为了更加接近年轻群体，创造了多样的标志性语言。其中，有些在网络中盛行，形成了“热梗”，为媒介发展注入了活力。但银发网红标志性语言的形成和发展中也产生了消极影响。

一、不同类型银发网红的标志性语言使用

第一，生活体验型银发网红的标志性语言使用。比如，高姥姥在短视频平台走红是因为对叠词的灵活运用。影响力最大的视频中，高姥姥在吃西红柿的时候形容自己对绿色西红柿非常喜爱：“甜丝丝的，脆溜溜的……酸溜溜的，好吃！”高姥姥使用的叠词精准生动地形容了西红柿的特点，也突出了高姥姥朴实、可爱的形象。叠词带来的强大传播效力让高姥姥的西红柿叠词系列“出圈”，在短视频平台掀起了效仿热潮。重庆邓嬢嬢是具有代表性的体验派银发网红，她的视频总是以“今天来体验年轻人喜欢的……”来开场，找寻年轻人喜欢的美食和娱乐场，并用老年人的身份对其进行点评。这种方式不仅拉近了与年轻观众的距离，而且向老年群体介绍了新颖的生活体验方式。对于商家而言，这些短视频可以帮助商家对老年群体的口味进行合理的市场判断，在商品的贩售和宣传时结合老年群体的口味，扩大消费者范围，获得更多收益，并且可以通过短视频进行营销推广。

第二，知识科普型银发网红的标志性语言使用。比如，吴姥姥是抖音平台老年群体知识技能类内容创作者之一，在创作过程中，她总用简洁生动的语言解释高深的物理学原理，让受众更容易听懂物理学原理。她凭借自己丰富的知识与多年的经验，用幽默和简洁的语言将复杂的知识传授给大众。吴姥姥总把“你明白了吗”作为视频结尾，体现了吴姥姥作为教师的语言特征，也增强了与受众的互动感，更保障了知识科普的严肃性。再如，舒德干是知识科普领域的“重量级UP主”，他通过自然、简单通俗的话语解释进化古生

物学领域的知识。在每一期视频的最后，舒德干会说“请大家批评指正”，一方面，凸显了教授的谦逊，赢得了受众的尊重与推崇，另一方面，展现了舒德干本人对启发青年人思想的深切期许，旨在培养受众勤于思考的好习惯，孕育其勇于质疑的精神，鼓励其在实践中创造新知识。

二、银发网红标志性语言使用的积极作用

第一，形成“热梗”，提高面向年轻群体的影响力。“热梗”是常见于综艺节目和短视频中的网络用语，意为笑点。银发网红在短视频中使用的口头禅和标志性用语在网络短视频平台走红之后，引起了受众群体的效仿热潮，形成了“热梗”。个体的模仿是短视频热点得以生产、传播的重要前提。① 银发网红利用短视频记录的内容，会成为社会共同的文化记忆，年轻人可以从中获得经验和知识，加深对社会变迁的了解。银发网红用其积极的人生态度和语言导向满足了年轻粉丝的情感诉求，以及他们对老年生活细致了解的需求和美好幻想。

第二，提高老年群体的数字化程度。老年群体由于无法实时紧跟时代变化和互联网发展的步伐，在老年群体传统的社交方式中，他们的社交范围只能是周围的老友，这种熟人社交已经是老年人全部的社交范围。尤其是退休在家的老年人失去了原本的工作，逐渐脱离原先的社会角色，且子女大多不在身边，社交圈被大大压缩，社交关系变得单纯；而农村地区受到地理位置、交通和通信信号的限制，接触互联网并追踪实时信息的机会更少。老年群体需要解决的首要问题就是与孤独相伴。开放、共享的网络平台为老年人开辟了排解孤独的出口，积极的老年群体在参与使用的体验中完成了心理上的自我救赎。② 研究得出，利用社交媒体建立和维持的良好社会关系对老年人获得主观幸福感极其重要。③ 抖音等短视频平台成为老年群体维系情感，加强与外界联系的重要纽带。短视频平台中银发网红的标志性用语可以让老年群体了解到不同的语言表达，通过“热梗”他们了解了不同的生活方式，增添了日常生活的趣味性。

① 常江，田浩 . 迷因理论视域下的短视频文化：基于抖音的个案研究 [J]. 新闻与写作，2018（12）：32-39.

② 邵婉霞 . 智能媒介环境下老年群体口语传播实践与转向 [J]. 新闻前哨，2022（8）：23-24.

③ 邓香莲 . 社交媒体使用会提升老年人的主观幸福感吗？一项基于积极老龄化背景的调查研究 [J]. 图书情报知识，2021，38（5）：77-94.

第三，营造尊老、敬老、爱老的社会氛围。与刻板印象的老年群体相反，银发网红多为热爱生活、积极向上、动手能力强、技能水平高的形象，银发网红通过自身独特的人格魅力、技能水平和生活态度收获了众多喜爱和支持，同时让不同年龄段人群重新认识了老年群体，从而有助于社会上产生浓厚的尊老、敬老、爱老氛围，有助于家庭和谐与社会稳定。

三、银发网红标志性语言使用的消极作用

第一，标志性语言脱离现实，具有刻意模仿意图。随着新媒体平台和内容的发展，影像的影响力越来越大，造就了大量媒介景观。媒介景观意为能够体现当代社会基本价值观、引导个人适应现代生活方式，并将当代社会中的冲突和解决方式戏剧化的媒体文化现象。抖音等短视频平台以一种轻松愉悦的记录方式再现了老年群体崭新的生活图景，造就了一种独特又有魅力的媒介景观。但在深入观察短视频平台的银发网红后笔者发现，存在刻意打造用语和人设的可能性，在这种刻意打造下，老年形象的意义逐渐空泛。以北海爷爷为例，他在短视频平台展示自己的穿搭、富足的精神品质和自律、精致的生活，让年轻人都自愧不如。这样的老年形象向大众传达了老年生活的惬意与自在，仿佛退休生活都如此美好，殊不知这种精致生活是提前制定好的或后期营造出来的。受众看似拥有“美梦成真”的体验，但其实被虚假的包装欺骗了。这些可以被打造出的媒介景观容易让受众感受到“背信感”，短视频过度包装现实生活、老年群体，容易造成景观与现实的分离。

第二，泛娱乐化程度加深。短视频泛娱乐化以消费主义、享乐主义为核心，将令人陶醉的娱乐信息和充满感官刺激的娱乐产品填满受众的生活，进而让受众在娱乐中慢慢丧失思考能力和价值判断能力。短视频泛娱乐化现象具有浅尝辄止的感官刺激、娱乐至上的欲望陷阱和算法编织的隐性牢笼等明显的危害表征。① 通过观察短视频平台老年群体的标志性语言和口头禅笔者发现，有部分创作者滥用网络热梗，想要紧跟年轻人的潮流，用搞笑和土味进行文字的过度包装，用一种调侃的方式表现自身的生活，想要满足年轻人的猎奇心理。但这样不仅使创作者自身在创作中产生不愉悦感，还是对受众的不负责。给树立老年群体的媒介形象带来了阻碍。

① 魏鹏程 . 短视频泛娱乐化对高校思政教育的挑战及应对策略 [J]. 传媒，2023（7）：81-83.

第三，标志性语言同质化，缺少创新，内容整体上同质化俨然是短视频发展中最大的问题。其中，标志性语言更容易产生同质化现象。“传播的过程中如果过度在意商业合谋的隐蔽性，打着整合营销的旗号进行同质化信息的繁殖，以精准营销为借口营造‘消费茧房’的封闭环境，注定将被市场淘汰。”[①] 内容同质化是短视频平台在内容运营方面面临的最大问题，银发网红这一独特群体的加入在一定程度上丰富了抖音的内容生态；然而，随着老年网民群体的不断扩大，特别是在泛娱乐化风潮和商业利益的双重驱动下，银发网红内容同质化现象在个体用户及同类型群体用户身上都有所体现。在个体用户身上，不少银发网红作品内容都高度相同，当一个流行语形成热潮、引起效仿时，众多网红对于同一件事的表达都会产生同类表达。比如，许多体验类银发网红总在开头使用“年轻人喜欢的 ×××”句式，在受众看来缺乏宣传心意，不具有营销效力。在群体用户身上，如果有一种视频类型或风格火了，马上会被模仿。同质化意味着网红作品的语言表达缺乏原创性，虽然各个银发网红的表达略有区别，但总体句式结构和意义表达上属于同类，很容易让受众在浏览作品时感到疲劳，甚至认为其他人做过，有抄袭嫌疑。久而久之，内容的同质化必然导致受众产生审美疲劳，最终对账号失去兴趣。

第五节　短视频平台银发网红副语言符号的使用

随着越来越多的老年人开始接触网络，银发人群在各大短视频平台的爆火构成了互联网上独特的文化景观。本节以抖音平台几位头部银发网红为例，探析银发网红是如何通过副语言符号来呈现自我形象并实现高效传播的，并对现存问题提出解决方案。

在互联网环境下，银发人群的短视频平台使用黏性及活跃度越来越高，银发网红获得了意外曝光与高热度追捧，这使得更多人对其走红背后的传播特点与方法路径展开了探究。除信息表达使用最常用的口语外，人的肢体语言、神态、服饰等副语言符号也是构成传播的主要元素，这些直观的、可视化的外显形象是受众获得第一资讯的重要途径，对银发网红形象的塑造起着不可低估的作用。因此，在短视频生态下，银发网红是如何通过副

① 吕嘉禾 . 短视频平台品牌传播的辩证思考：以抖音 App 为例 [J]. 青年记者，2021（10）：116.

语言符号塑造形象并高效传播的？银发网红所使用的副语言符号的传播特色是什么？基于现存问题应如何解决？这是本节将要探讨的主要内容。

一、银发网红的代表性副语言符号

在新媒体时代下，短视频平台的强互动性、高度个性化使得辅助口语传播的副语言符号逐渐被大众所重视，银发网红也不例外。本节基于副语言的定义，将短视频平台上银发网红所使用的副语言符号分为辅助语言、服饰妆容、肢体表情等方面，并具体讨论以下几位研究对象是如何运用副语言符号来进行形象定位与传播的。

第一，辅助语言。辅助语言主要分为音质和发声两大类，包括传播过程中的音高、音量、音色、语调、重音、拖音、停顿等。[①] 通过辅助语言的加持，银发网红的形象特色能够得到强化，由此，其人设会变得更为丰满。此外，多种多样的语调可进一步强化情绪的表达。

例如，“我是田姥姥”中的田姥姥是地地道道的辽宁鞍山人，因此，其语调极具东北独有的幽默格调——音调高、平翘不分、声调以阳平居多等。如田姥姥将“谁看见我手机没？”说成“谁（séi）看见我手（sǒu）机没（mèi）？”此外被外孙整蛊后气急败坏地机关枪式密集输出也是田姥姥副语言特色之一，如其 2020 年 3 月 10 日的视频，田姥姥看着眼前空空的碗碟说“别别别别别别……别夹……别夹别夹……别夹……”“我就……我就……我就……我就纳闷了我就”，情绪高涨时的结结巴巴突出了其接地气且可爱的长辈形象，给人以极强的亲切感，在其评论区时常能看到类似“我也想要这样的姥姥”的评论。“只穿高跟鞋的汪奶奶”的视频作品可大致分为国风红色往事与时尚精致日常两大类，但其中的有声表达部分并不多，以后期配音为主，因此视频中她的语调是较为字正腔圆、娓娓道来的播音腔，但可以听出她作为南方人翘舌部分并不自然。“济公爷爷·游本昌”的短视频作品基本为济公系列、正能量祝福系列与科普系列，由于游本昌本就扮演过济公的形象，其常常会唱起“嘛咪嘛咪哄”，音色中充满了洒脱纯真以及引人入胜的故事感。如在其视频中，游本昌总是充满笑意地喊“亲爱的娃娃们”，又因短视频媒介的互动性加持，其视频给人一种重回童年与温柔长辈面对面交流之感，渐渐抚平了观众的成

① 黄永红．副语言符号的文化阐释 [J]. 北方论丛，2014（3）：71-74.

长、工作等带来的焦躁与压力。“王大姐来了”的视频作品以有关美食制作的魔性说唱为特色，就以其 2023 年 2 月 10 日的成名作为例，“新鲜的 / 豆馅儿 / 把它包成豆包儿 / 馅儿往里多放 / 这样馅儿大皮儿薄……”可见，其辅助语言因受到说唱影响，具体表现为音量大、音调高、语速节奏快，同时因说的是北京方言，儿化音几乎存在于每句话中，三位北京大妈用上头的 rap 幽默地向城里人讲述农村生活与美食制作的趣味性。

通过对以上几位代表性研究对象的短视频作品分析可见，辅助语言符号在传播中不仅能够表达感情色彩，展现个性，还能够反映一定的社会文化差异。由于老年群体的普通话能力相对薄弱，特别是农村的银发群体，银发网红的辅助语言表达或多或少都会受到方言与口音的影响。以才艺、剧情、搞笑为定位的银发网红更倾向于直接利用方言来增添烟火气，并加以高涨的音量、跌宕起伏的语调，以增加幽默感与吸引力，同时创作者将结巴、语气词、节奏感作为“作料”丰满人设；以励志、时尚为定位的银发网红更倾向于纠正不标准的口音，传播积极向上的情绪价值时，他们的语调偏于平缓、娓娓道来，音量适中，抓人耳朵的重音与高音较少，这有助于营造视频温和乃至颇具童真的氛围，互动感与对话感更强，使得人设更具亲和力，便于将粉丝群体扩大到更低龄的范围。

第二，服饰妆容。一个人穿不同的服饰传达不同的信息，塑造不同的自我形象。在某种程度上，服饰妆容可以表现一个人的年龄、地位、职业等。服饰妆容符号不仅作用于个性表达，还影响每个人的行为模式，即在不同情况下穿不同的衣服、戴不同的配饰所表达的情感也不同。

“我是田姥姥”和“王大姐来了”中的主角都是地方农村的银发网红，她们的短视频作品中极少有妆发的加持，服装也以接地气甚至俗气的 T 恤、袄子为主，多件衣服的搭配也没什么章法。以“王大姐来了”为例，三位大妈每条视频都穿着颜色艳丽、大色块的针织衫，搭配反差色巨大的背心马甲或棉袄，但与此同时，三位大妈会戴上具有代表性的墨镜，每条视频都不例外，因为墨镜是潮流 rapper 的象征性物件，戴上后与农村妇女形象能够形成反差，巧妙地突出了账号“土潮”的人设特征。由于部分作品出于展现老年生活的趣味性与农村日常特色的目的，在服饰上会出现极具农村特征、老年特征的物品。以“我是田姥姥”为例，其 2023 年 4 月 15 日发布的视频中田姥姥头上包着有农村特征的纱巾去挖野菜，在打打闹闹中便展现了农村生活的乐趣。其 2023 年 2 月 17 日发布的作品中展现了假牙这一颇具老年象征的物品，以幽默搞笑的“要牙表演”在一定程度上解构了人们对假牙的消极评价。

“济公爷爷·游本昌”的作品中通常穿着端正简明，以纯色、素色居多，如其 2022 年 10 月 4 日发布的谈科技适老化的视频，爷爷戴着黑框眼镜，身着墨蓝色褂子，戴着墨蓝色贝雷帽，手上拿着黑色折扇，呈现出了成熟长辈形象。但在少数视频中，游爷爷也会穿上颜色鲜艳的衣服，如其 2022 年 6 月 1 日的视频中，爷爷将牛仔鸭舌帽反戴，穿着红色格子衬衫与红色马甲，呈现出了老顽童的形象，这也与儿童节的创作内容相契合。在其“济公爷爷游故宫”系列合集中，爷爷时常穿着正红色的老北京褂子出镜，视频弹幕中随处可见“济公爷爷，每次看到你都感到很亲切”“谢谢济公爷爷给我们带来知识”等类似评论，可见这样的装扮给人说书先生之感，给予受众身临其境的代入感与亲切感，从而使他们卸下防备，将视频内容像听故事般全盘接受。此外，他时常会穿着济公特征性的破烂服饰出镜，以此来巩固其“济公爷爷”的荧幕形象。蒲扇作为济公特征性的配饰，也经常出现在游爷爷的视频中，如其在 2020 年 2 月 18 日发布的视频中，爷爷以现代舒适穿搭出镜——贝雷帽、眼镜、针织衫、衬衫、围巾，但手中持着济公的破蒲扇，一挥蒲扇爷爷转而换上了破烂济公服饰，手上依然拿着那把破蒲扇，可见蒲扇这一标志性物品贯穿始终，也对应了此条视频的文案“扇即善也”。

显而易见，“只穿高跟鞋的汪奶奶”与上述银发网红属于不同赛道，形象定位也有较大差别，她的账号主打时髦优雅的穿搭与考究精致的生活，因此其自我形象的呈现在绝大多数情况下是紧紧依傍于服饰妆容的，红唇、眼妆、假发、耳饰、首饰、旗袍、吊带长裙……通过如此潮流时尚的服饰穿搭，汪奶奶成功打破了大众对于银发群体“羸弱体虚、不修边幅”的刻板印象。如其 2023 年 4 月 8 日发布的视频中，相较于孙女的随意穿搭和素面朝天，汪奶奶则夹假刘海，化妆，佩戴首饰，身着高级白色修身长裙，细微生活中各方面的讲究甚至打败了当代年轻力量。此外，从其账号名称“只穿高跟鞋”也能明确知道她几乎每条视频都会穿高跟鞋，这正是她的重要人设标签之一。

服饰妆容符号对走时尚方向的银发网红的成就与作用是最强烈可视的，因为展示服饰妆容正是此类网红作品的主要内容。此外，服饰妆容是角色荧幕形象的最直观“记忆点”，上述银发网红都有其特征性的妆造，如蒲扇、高跟鞋、墨镜等，可见，服饰妆容符号是网红自我形象呈现过程中的“标签”。艳丽土气的服饰妆容符号有助于在猎奇的道路上吸引受众眼球，朴素简约的服饰妆容符号能够给人以舒适感与亲和力，时尚潮流的服饰妆容符号能打破大众对银发群体的刻板印象，因此，不同的穿搭能够达到同样的增加情绪价值、提升完播率的目的。

第三，肢体表情。每个人的肢体表情均是其心理和生理状态的反映，基于不同的生活经验与文化背景，其显露出的体态信息也是大相径庭的。同样，眼神与表情是语言表达中极其重要的一种辅助符号，俗话说“眼睛是心灵的窗户”，人的面部表情是千变万化、含义复杂的，人们可利用肢体表情符号传递出复杂的信息内容。

例如，田姥姥的肢体与表情语言是相当丰富的，被整蛊时的龇牙咧嘴、捶胸顿足，要赖时的嬉皮笑脸等都凸显了她喜欢与孩子们打成一片的纯净童真，由于田姥姥性格开朗，其微表情与眼神细节是较易捕捉的。由于汪奶奶从小就接触舞蹈，其挺拔窈窕的体态令人不得不敬佩与艳羡。如账号 2023 年 5 月 13 日发布的视频中，汪奶奶紧追热潮，跳了当时火爆全网的 *Flower*，她发力的指尖、明亮有光的双眸、恰到好处的微笑、摆动的腰肢……无不证明了她主页的简介上写的：“年龄只是数字”。这在一定程度上使人们摆脱所谓的步入老年就会身材走样的年龄焦虑。汪奶奶积极大胆地尝试新鲜事物，与时俱进，主动走出舒适圈，从而传播积极面对老龄问题的态度。游本昌的视频内容多为坐着聊天，大幅度的动作并不多，因此其肢体表情符号集中于手部与面部，其手势动作基本是无意识地辅助口语的输出，起到带出内容、强调重点的作用，这有效地充实了他观点的表达。游爷爷最具代表性的表情就是眼睛永远笑眯眯的，笑起来露出 8 颗牙齿，给各个年龄层次的受众以治愈与温暖。“江湖大妈”与“王大姐来了”的肢体表情特点颇为相似，其动作与神态都会为了表演效果而很夸张，“江湖大妈”会通过配效果音、内心 OS（内心独白）再加上浮夸的表情动作凸显情绪的起伏。“王大姐来了”2023 年 4 月 25 日发布的视频中，老郭一边唱着“想要吃到流泪就得腌它个一宿”，一边躺在了木桌上，秀荣唱“我想我得疯了”，并辅以双臂举起抓狂似的挠头动作……如此多的肢体动作与表情要素的聚合显然具有表演成分，这些配合着音乐鼓点使观众情绪达到高潮，也指数级地提升了作品的搞笑与魔性程度。

眼神与微表情大多为情感的自然流露，它们展露的是人物自我形象最真实的一面，也展现了账号最本质、最深处的情感纹理。小幅度的手势动作往往无意识地起着辅助传播者内容输出、提示情感落点的作用，而大幅度的表情变化与肢体动作等副语言表达更倾向于创作与表演，不过无论是有意还是无意，这些符号都是为了加强语言表达，凸显某一想法或观点，帮助传播者渲染情绪。此外，肢体与表情符号更易产生互动性，这与短视频平台强互动的功能也是恰好契合的。

二、副语言符号在银发网红口语传播中的作用

在过去，老年人的媒介形象通常是由专业媒体机构呈现的，如广播电视等，在视觉文化和消费文化盛行的时代，老年人作为边缘角色，出现在电视剧与节目中，形象建构相对单一，存在媒介能见度低、污名化等问题。而在互联网高速发展的如今，抖音等短视频平台是一种补偿性媒介，它有空前的开放性、低门槛性、娱乐化等显著特征，[①]传播结构的改变也促使银发群体能够投入到扭转自我形象的活动中。

第一，提升新鲜感。年轻群体与银发群体之间价值观、生活方式等方面的差异导致代际鸿沟，在大多数年轻人眼里，老年人被贴上传统、古板、羸弱的标签，而如今在短视频平台中涌现的银发网红打破了这种刻板印象，心态年轻、充满活力、有趣甚至时尚成了他们的新人设。然而，单单的口语传播显然是单薄的，不足以构建丰满的形象，因此，副语言符号作为辅助口语传播的工具，为银发网红的形象构建注入了鲜活力量，凸显了新鲜感的同时，也提升了粉丝黏性。通过上述具体案例可见，不同类型的银发网红所着重使用的副语言符号也是不同的，极具多样性。他们身体力行年轻化爱好（辅助语言符号、肢体动作符号，如说唱王大姐）、与儿孙辈无代沟地嬉闹（辅助语言符号、肢体动作符号，如田姥姥）、穿着精致时尚的服饰（服饰妆容符号，如汪奶奶）构建反差感。在传统网红势头走低、受众审美疲劳的情势下，横空出世的银发网红以独特的魅力牢牢抓住了受众眼球，无论是搞笑方向、时尚方向、剧情方向，还是励志方向、才艺方向，纵观新媒体平台上的银发网红，可以发现他们在形象呈现中的特点之一就是给人以新鲜感，也借此圈粉无数。

第二，增强真实性。短视频平台上的传统网红始终是经过精心包装、设计好的前台形象，与受众之间隔着一道隐形的屏障。银发网红却呈现截然不同的状态，不同于大部分彩排过或摆拍的视频，他们大都以淳朴真实的状态展示着自己的日常生活，通过细枝末节的副语言符号呈现家常味，更接地气。从某种程度上来说，他们打破了“台前”与“幕后”之间的界限，更多是“中台”状态。[②]银发网红洒脱地扔掉了传统社会赋予他们的长者权威，反而敢于自嘲自黑，以一种拒绝做作、真诚平易的姿态触摸到了年轻人的心。

下意识的辅助语言符号、肢体表情符号可以显露银发网红真实性格。在辅助语言中，

① 饶浩芸，尹露．网红生力军：中老年群体网络圈粉现象解读 [J]. 新闻知识，2020（11）：31-40.

② 饶浩芸，尹露．网红生力军：中老年群体网络圈粉现象解读 [J]. 新闻知识，2020（11）：31-40.

影响着每位银发网红的语调、方言是他们从小到大根植于心的文化的体现；在肢体表情中，小幅度的手势动作与眼神微表情最能够使受众感受到银发网红自我真实形象。以田姥姥为例，她即使再大大咧咧也有紧张、敏感、脆弱的时候，在此类视频中能很容易地捕捉到她每个情绪收放的小细节，如2023年4月9日发布的视频中，姥爷去化疗，田姥姥背着手并望向窗外，呈现一副出神的愁容，面对孙子她还逞强，说是想吃猪爪，但从她紧锁的眉头、下垂沉重的眼角与嘴角可以明显看出她有心事，直到最后姥姥看着姥爷的照片红眼、流泪，也印证了姥姥之前的愁容是出于对姥爷的担忧与惦记。

在特定的语境下，表达方式决定了表达内容的真实性和装饰性。副语言符号有助于传播者了解受众对于所发信息的真实感受，判断其反馈的真实性，从而对传播效果得出客观结论。与口语相比，副语言符号的真实性要更高一些。① 人们常常会通过虚假的口语来掩饰真实感受，但从心理学层面来看，细微的副语言往往是人们真实内心活动的无意识表达，因此副语言下银发网红展现的和蔼、质朴和真实也是受众愿意对他们付出信任与真情实感的原因之一。

三、银发网红副语言符号使用过程中需注意的问题

第一，避免方言滥用。副语言中方言特色性的语调在一定程度上弘扬了当地文化，同时对于银发网红来说能够塑造更接地气更生活化的长辈形象，然而仍存在部分创作者为了吸引流量，恶搞、消费方言，在网络平台传播中逐渐偏向故意夸张、模糊语义、地域歧视等方向。这会导致观众对方言本身的含义造成误解，同时部分观众热衷于挖掘具有负面意义的方言语句并进行模仿，不利于网络环境的和谐。针对方言滥用的问题，必须积极倡导规范的用语原则与规则，号召大家尊重各地域不同的语言文化内涵，做到“取其精华，去其糟粕”，加强民族文化认同。作为创作者，银发网红应严谨使用方言，不做错误引导，致力于弘扬我国优秀的语言文化，创作趣味性与营养性兼具的网络语言。同时，平台可以对不规范的表达行为提出整改意见并进行督促、劝导；平台要增加人工审核，减少机械审核产生的疏漏，加大对被忽视的副语言的审核力度，落实短视频内容管理责任。

第二，防止服饰及肢体语言过度猎奇。短视频平台是当下流行文化的聚集地，甚至是

① 王晓晖，韩雪峰. 口语传播中的非言语传播 [J]. 当代传播，2007（4）：33-35.

发源地，其短、平、快的特质使得创作者必须在第一时间抓住受众的注意力。因此，短视频中视听语言的观赏性和刺激性变得尤为重要，这自然包括了强化口语传播效果的副语言符号的运用。然而，大多数银发人群对网络的使用终究不够熟练，他们对获取流量热度的想法也相对不成熟，带有跟风性质。虽然头部银发网红的内容制作大多借助团队支持，已形成成熟模式，但以个人为单位的中下部银发网红在副语言的使用上仍存在失控倾向——不得体的动作神态、奇装异服、夸张庸俗的妆容等。这些不符合大众审美的扮丑行为已远远超出了接地气与剧情搞笑的范畴，如此“流量至上”的服饰妆容符号是不可取的。对于副语言使用庸俗、不得体的失范现象，应在萌芽阶段杜绝利用副语言符号猎奇博取流量的心态。新媒体平台要把握创作自由的尺度，切实履行监管责任，明确社会主流价值观导向。就创作者而言，银发网红应加强自律，恪守副语言使用的道德基本原则，以积极向上的行为融入短视频平台的传播秩序。

第三，倡导正向情感带动。抖音等短视频平台为当今老年人提供了社交和自我表达的新工具，也加强了代际联系。通过短视频平台，年轻人开始了解银发群体的真实性格、生活状态等，田姥姥、汪奶奶等银发网红的“异军突起”使得刻板印象的枷锁逐渐松动，基于此，视频内容中的每个细节都会影响受众对银发人群的正确认识，副语言符号也不容忽视。虽然下意识的副语言能够展现银发网红最真实的一面，但在部分情况下，可以作前期准备的副语言符号，如服饰、妆容等依旧是形象包装的手段，起着吸引受众观看的作用，常常有为了获取流量而借助此类副语言符号故意错误引导、大肆煽风点火的现象。如部分机构为了赚钱，让老年人穿上寒酸破烂的服饰卖惨，通过消费观众的善良来直播带货等。因此，不应以年龄煽情，而应以年龄勉励。“只穿高跟鞋的汪奶奶”在 2021 年 7 月 28 日发布的视频中，汪奶奶第一次以素颜出镜，视频也从聚焦于呈现个人年龄外貌的表层内容转向呈现汪奶奶作为老年人但区别于人们印象中的老年人的真实日常生活状态，传递积极生活的深层价值观。总而言之，只有做到正向情感引导与激励、注重深度与真实才能够留住受众。

综上，多种多样的副语言符号使用有助于打破大众对银发群体古板、不修边幅、病弱的刻板印象，银发网红的自我形象呈现趋于有趣、年轻化、时尚、真诚，这进一步强化了其人设定位，增强了情感共鸣。同时，微妙的副语言是人内心最真实潜意识的展现，银发网红和蔼、质朴、真实的个人形象使得受众产生信任感与亲切感。此外，副语言符号为银发网红的形象构建注入了新鲜感，也显著增加了粉丝黏性。目前，短视频平台中小部分银发网红副语言使用的问题集中于地域方言滥用、动作神态不恰当、服饰妆容猎奇、过度煽情卖惨等。对于短视频平台而言，应强化被忽视的副语言审核力度，落实管理责任；对于银发网红而言，应加强自律，遵循积极向上的新媒体平台交流传播秩序，只有通过副语言符号积极引导、传递正向情感激励、专注创作兼具深度与真实感的优质内容，才能真正留住受众。

第七章

银发网红基于短视频平台的口语沟通

第一节　银发网红基于短视频平台的代际沟通

孙隆基在《中国文化的深层结构》里曾说：“在任何人类的社会中，代际关系总是紧张的。”[①] 随着移动互联网时代的到来，与传统广播电视时代中单向的传播模式不同，社交媒体环境中人们应用口语或口语化文字的传播状态高度趋同于口语传播中交流、互动、分享的传播状态，这种平等、真诚的互动模式正在逐渐消弭代际的鸿沟与紧张感。在此背景下，一批银发网红以别样的气质火速出圈，并吸引了大批年轻粉丝的关注。短视频平台的快速崛起，为长期处于社会边缘与被动地位的老年群体提供了自我呈现与主动言说的场域。短视频影像实践重塑了代际互动关系，使双方在平等对话中分享记忆、交流情感，为代际理解、认同乃至联结奠定坚实基础。它不仅能够帮助更多老年人实现数字融入，积极书写个体的思想和情感，还能促进相关议题借助影像传播进入大众视野，引发社会对老年群体的广泛关注，促使社会权力结构重新调整，加速社会适老化发展进程。[②] 银发网红的短视频实践加强的是两代人之间的联结与互动，也构建起了全新的传播格局。

目前，银发网红在基于短视频的代际沟通中运用的符号呈现多元化态势，以有声语言和文本为主。短视频平台中银发网红的代际沟通实践也呈现出三大特征：共话人生哲学、

① 孙隆基 . 中国文化的深层结构 [M]. 桂林：广西师范大学出版社，2011.

② 陈肖依 . 生命叙事、代际沟通与传播赋权：B 站银发网红“敏慈不老”的影像实践研究 [J]. 新媒体研究，2023，9（4）：110-114.

共享知识传播、建立情感联结。本节将基于口语传播的视角，立足人文取向，描绘短视频平台中银发网红的代际沟通图景。本节尝试回答以下几个问题：银发网红在代际沟通中运用的符号主要有哪些？银发网红的代际沟通在短视频平台中呈现出怎样的特征？银发网红的代际互动又达到了怎样的传播效果？银发网红在社交媒体时代依靠什么实现身份转位？

一、有形与无声：银发网红代际沟通中的符号

口语传播将人类的传播活动视为一个双向沟通互动的过程，意在研究人们如何运用符号进行相互沟通，注重的是对过程的探究。[①]日常的传播行为多是以有声语言辅助非语言符号来展开的。除了说和听，眼神、表情、手势、动作、外表与饰品等非言语符号也都在代际交流中发挥着辅佐和服务作用。

第一，有声语言。口语传播即一个通过说话来制造意义的过程。在短视频平台的代际沟通中最为显性的符号中介就是“有声语言”。与传统媒体的有声语言表达相比，社交媒体平台中有声语言呈现出更接地气、更多维的口语化表达特点。基于对抖音、快手、B 站三大短视频平台银发网红账号的观察，笔者发现银发网红的有声语言表达呈现显著差异。在语调方面，生活方向的银发网红或温柔低沉，或热情高昂，但总体而言，节奏普遍缓慢，带给观众温暖和煦的感觉，讲述的方式天然带有一种交流感。相较而言，知识方向的银发网红，其语调都冷峻克制，语速较快，例如 B 站 UP 主“不刷题的吴姥姥”的视频中几乎没有寒暄，都是单刀直入、开门见山地进入每一期的物理实验。在口音方面，银发网红的语言表达大多有乡音，说着一口并不标准的普通话。还有沿革方言表达习惯的银发网红，如抖音的喻泽琴奶奶，其自贡口音的成都话总是让人忍俊不禁。“有酒没得？”成了奶奶的标志性用语。从语句特征来看，银发网红倾向于使用陈述句和疑问句，语句的结构大多简单。其中，疑问句适用于与网友的交流，类似于“喜欢看什么？”鼓励年轻观众在评论区或弹幕留言。

第二，文本符号。在短视频平台中，银发网红的代际沟通主要扎根于文本土壤——评论区和弹幕区。例如，在 B 站“敏慈不老”的视频开场与结束中，弹幕会统一工整地刷

① 李双余. 网络代际沟通环境及特征研究：以 B 站老年 UP 主视频下的评论为例 [J]. 视听，2023（1）：124–127.

上“奶奶好”“奶奶身体健康，长命百岁”这样的问候语句，传递年轻网民朴实而真诚的情感。在“敏慈不老”的视频中出现缝纫机时，弹幕立刻同步出现“同款缝纫机”“我奶奶也有一台一模一样的缝纫机”的反馈。知识分享方向的银发网红账号评论区则化身为大型的学术探讨空间，UP 主本人也会在评论区留言“牛啊”，发表相关评价。可见，代际沟通在文本符号中实时并持续发生着。

第三，表情符号。表情符号包含着丰富内涵，在与银发网红互动沟通时，也存在此类具有年轻气息的话语形式。相较于文字符号，表情符号直接刺激视觉，并且可以超越语言限制，对网络代际沟通起积极作用。[①] 评论区、弹幕中出现频率较高的表情符号有表示大笑、微笑、大哭、爱心、调皮、鼓掌、花朵等符号。

第四，其他非语言行为。人们在口语传播中，除了说和听，眼神的交流、表情的变化、手势的配合等非言语行为也都在传播中起着辅助和服务作用。与口头语言相比，非言语行为的真实性要更高一些。言不由衷对于人类来说并非难事，但没有经过相关专门训练的人做出与自己真实想法相悖的非言语行为，不是一件容易的事。人们虽然很少有意识地控制自己的非言语行为，但相比之下，对他人的非言语行为较为敏感，并将其作为自己判断的重要依据。[②] 以快手平台中“爷爷和孙子”账号为例，作为主体的爷爷基本不在视频中说话，爷爷的牙齿几乎全部脱落，脸上布满皱纹，在无声中，爷爷的表情、动作（在乡间下厨）和同期声就成了代际沟通的符号。

二、共话、共享与联结：银发网红代际沟通的特征

长久以来，口语传播学关注的焦点在于：不同的社会情境中，人们如何使用语言符号与他者互动，以达到沟通目的。通过研究与观察笔者发现，短视频平台银发网红的代际沟通呈现以下三个特征：共话人生哲学、共享知识传播、建立情感联结。值得一提的是，不少学者关注到了“老年群体被赋予自我言说机会”这一现象，其中大部分研究针对的是银发网红在家庭内部的代际交互，而本节主要探究的是银发网红置身于社会关系中时的代际沟通。

第一，共话人生哲学。游本昌在 B 站发布的第一条视频中说道：“年轻的朋友们大家

① 李双余 . 网络代际沟通环境及特征研究：以 B 站老年 UP 主视频下的评论为例 [J]. 视听，2023（1）：124-127.

② 王晓晖，韩雪峰 . 口语传播中的非言语传播 [J]. 当代传播，2007（4）：33-35.

好，我是济公爷爷游本昌！哔哩哔哩大门开了，咱们巴拉巴拉又见面了！为了大家的快乐，咱们继续广结欢喜缘吧。”开场白中的每一句话都尾音上扬，语调松弛，声音高昂，饱含情感，精气神十足。“哔哩哔哩”“巴拉巴拉”两组叠词的使用使得文本内容轻盈可爱。由于游本昌爷爷是演员出身，台词功底非常扎实，在短视频的口语实践中，爷爷发音标准、吐字清晰、气息稳定的特点被进一步放大，加上爷爷在说话时，辅以摇头晃脑的动作，完美符合年轻人心中一个活泼而豁达的“老顽童”形象。

在之后发布的视频中，游本昌爷爷总以“亲爱的娃娃们”“娃娃们”为开场，如“娃娃们，这也是为你们干的呀，娃娃们说喜欢看我节目，喜欢看我表演。只要你们愿意看，我就永远不下场。这就是我最大的快乐呦”。“娃娃们”成了游本昌爷爷标志化的用语，而“呀”“哟”等语气词的使用增强了口语传播的感情色彩，拉近了爷爷与年轻受众的距离。通过短视频实践，爷爷也不遗余力地与粉丝分享人生哲学：“三十而已，而立都不在年龄，关键是人有志则立”“只要心不老，自在又逍遥”……亲切和蔼地传播正能量。哲理性的输出并非说教式、命令式，而是伴随着爷爷平和的讲述或者风趣的表演汩汩流淌。例如，在一期视频中，爷爷同时分饰两角——爷爷和孙子，设想自己读老年大学时，邀请孙子作为自己的“家长”去开家长会，以幽默的方式传递“活到老学到老”的人生哲理。年轻观众则通过评论或弹幕的文字给予爷爷回应，如在公屏上打出“活到老学到老”“心态好，没烦恼”等。

第二，共享知识传播。知识类内容在B站生态里持续增多，其中少不了银发网红的下场助力。曾为同济大学物理学教授的知识分享型网红“不刷题的吴姥姥”，在互联网平台向大众普及和讲解物理学相关知识。视频中，吴姥姥语调冷峻，口齿伶俐，吐字清晰，语句短促，句末语调急降，轻松幽默的文本内容在一定程度上调和了这种距离感，建构起了吴姥姥独特的人格魅力。吴姥姥在视频中的着装风格非常统一：一副黑框眼镜，镜腿的线挂在脖颈上，衬衫外搭配渔夫马甲，朴素又清冷。这样的搭配符合年轻受众对于理工科教授的想象，同时服饰也成了吴姥姥在短视频口语传播中的一个符号。

在吴姥姥视频中，经常出现的智勇科创实践基地是面向青少年群体举办科普活动的场所，旨在帮助孩子们实现不用刷题也能学好物理，激发他们的科学兴趣。在一期视频中，吴姥姥说：“网上有位朋友问，他做了一个机械装置……他问我实际做的装置，为什么不能像这个一样飞起来。”紧接着吴姥姥开始身体力行地完成物理实验，解答青年疑问。在知识分享领域，代际沟通和交流更多的表现为一种“教师—学生”的关系，评论区的景象也大多是“老师说得好精彩，非常简明扼要，但她高估了我的能力”。无论如何，吴姥姥的短视频本身是对代际沟通的媒介实践和积极探索。

第三，建立情感联结。在短视频平台，银发网红和青年受众间还逐渐建立起了别样的情感联结。B 站的“敏慈不老”是这类银发网红的典型代表。初入 B 站时，奶奶说：“现在年轻人……都在玩…… B 站，我也想来……当一回…… UP 主，你们说……可以吗？可是……我不是年轻人了，你们猜，我有多大了？”奶奶的讲述带有比较明显的口音，平均一句话有 2~3 次的停顿，普通话发音也不算标准，声音颤抖，有拖音，音量较小，整体讲述节奏缓慢，但奶奶的语调非常柔和，语气中有一份历经沧桑后的谦恭，且眼睛大部分时候是面对着镜头的，因此强化了与观众的交流感、对话感。这种不完美的口语表达和真挚的情愫会令我们不禁联想起自己身边的长辈。在弹幕和评论中也频繁出现年轻人对自己爷爷奶奶表达思念的文字。

高龄奶奶能够完整地讲述已然非常不易，奶奶又继续说道：“我几十年来，从出生以后，当时兵荒马乱的时代……到现在民富国强，经历了很多很多的故事，你们要是想听，可以提出评论和要求，我将……尽量满足。这两天……我将给大家……再录点视频，以满足大家的要求。希望大家……关注和喜欢。”在之后的每条视频中，奶奶都以“嗨，大家好”开场，面带微笑，热情地向镜头挥手致意，而弹幕也齐刷刷地回应“奶奶好”，与奶奶及时互动。

就文本而言，“敏慈不老”奶奶的视频内容是多元的：传统美食的做法分享；讲述如何改变命运；回忆抗日战争中逃难的经历……敏慈奶奶凭借丰富的人生阅历吸引了数以万计的年轻人，他们听着敏慈奶奶的故事，仿佛也跟着她一起跨越了时空。用户“胖虎”评论道：“看到奶奶乐观、可爱的视频，使我想起自己年迈的奶奶，愿她安好，有时间想多陪陪她。”这种由屏幕延伸到现实的情感，进一步弥合了虚拟与现实的差异。又如，当视频中出现缝纫机时，弹幕会立刻出现“同款缝纫机”“我奶奶也有一台一模一样的缝纫机”等语句。个体与祖辈的亲密体验以及中华传统文化中“老吾老以及人之老”的传统观念，使老年 UP 主极易引发粉丝的情感投入，而情感往往是社交媒体中最为关键的传播动能。[①]

---

① 李豪，赵红艳 . 符号互动论视角下银发网红在青年群体中圈粉现象分析 [J]. 新闻爱好者，2022（3）：110-112.

三、从符号交流到圈层融合：银发网红短视频平台代际沟通图景

张国光在《融合之境——口语传播修辞新论》一书中提出，口语传播的理想效果是运用语言有效地消除与己、与人、与世界的各种对立，以达到与己合、与物合、与人合、与境合以及与意合的真善美融合之境。总体上，青年群体在与老年 UP 主的情感互动中投入了极大的热情。在网络代际交往中，银发网红和青年粉丝之间不仅是简单的符号沟通，更是构建起了一种全新的情感共同体，这是年轻人普遍情感需求以及文化心理投射的结果。银发网红的出现满足了青年人在社会化陪伴和个体解压两个层面上的需求。

代际沟通中重点突出双向交流的两个维度共存，即这一阶段既有年长一辈向年轻一辈传授知识、技能和经验的过程，也存在年轻一辈向年长一辈传授新兴文化并建立情感的过程。两代人在传播过程中形成了一种全新的代际沟通图景，进而重塑了代际的权力结构与互动关系，代际的界限正在消融。银发网红是老年群体中的先行者，他们立于时代潮头，成为连接“信息原住民”和“信息移民”的纽带，进一步缩减老年群体中出现的显著的数字分层。

然而，那些站在荧幕前主动自我呈现、积极拥抱网络的老年人，属于少数群体，对于大多数老年人而言，他们仍然在努力尝试和时代接轨，甚至亟须家庭内部的支持。银发群体在媒介呈现中“隐身”的境况仍然值得更加全面和长久的关注，因为他 / 她可能就是“我”的爷爷 / 奶奶或外公 / 外婆。因此，两代人只有持续不断地对话、学习，彼此尊重、互不遗忘，才能寻找到通向未来世界的钥匙。

第二节　银发网红口语传播过程中的受众沟通

口语传播是人类在不同社会情境中运用语言和非语言手段来组织、发送、反馈信息并产生有效互动的一种传播行为。[①] 同时，互动、过程、情境是口语传播十分重视的要点。沟通的基本结构包括信息、反馈、通道，缺少任何一方都完不成沟通，可见沟通是一个双

① 李亚铭，王群 . 口语传播学：一个亟待建构的新学科 [J]. 编辑之友，2014（7）：65-69.

向的过程。因此，受众沟通就指通过各种语言和副语言与所指向的传播对象分享信息、思想和情感的过程，在短视频平台中通常体现为内容选取与受众互动。通过以上定义，我们能够发现，以视频为主要传播媒介的抖音是口语传播与受众沟通的重要场域。同时，当两者的研究重点再次交汇时，能够看出“互动”是重中之重。

社会高速发展所带来的人群结构变化也同步反映在线上，银发人群的线上经济发展成了重要增长极之一，银发用户的不断涌入使得互联网生态圈产生了新的变化。作为国内头部短视频平台，抖音自然也承接了老年群体这一新生力量。在抖音去中心化与大数据算法联合的传播模式下，老年用户从“使用潮”转向了“网红潮”，各种垂直领域的银发群体迅速走红，在收割了各年龄段人群喜爱而斩获经济效益之时，也借此机会呈现了进入数字化时代后老年人所缺失的媒介形象。在如此情境下，银发网红是如何在短视频平台构建起口语传播路径的？不同特点的银发网红是如何开展受众沟通的？这是值得我们探讨的话题。

一、银发网红口语传播过程中与受众沟通的代表性方式

不同类型的银发网红在视频产品的制作与传播过程中所进行的受众沟通也反映出了差异性和创新性。

第一，营造具亲切感的开场白。短视频由于时长短、节奏快与碎片化的特性，通常需要在开头抓住受众的眼球，因此选择一个有记忆点、专属的开场白十分重要。对银发网红来说，他们的开场白着意营造具亲切感的“长辈式”话语。“济公爷爷”游本昌在视频的开头通常使用“亲爱的娃娃们”与受众打招呼，这种称呼默认了受众“娃娃”的身份，这不仅拉近了“济公爷爷”与受众的心理距离，更易引起受众的情感投射。游本昌另一个常用的开场白是“走啊走，游啊游”，这是其出演的“济公”一角的经典台词。互联网产品的主要受众是青年一代，而作为知名演员，这句开场白与大多数青年受众的童年记忆连接起来，易于营造“回忆共鸣”。戴建业则选择采用固定的语言 + 动作来完成开场白，挥手配合“嗨，朋友们”是其惯用的方式。简单的话语和动作一来十分日常，能够很好地展现出亲近感，二来，通过不断地重复，起到了加深印象的作用，久而久之，这成了戴建业视频中固定的“符号”。

第二，年龄与阅历的特殊效果。由于银发网红自带的年龄与阅历优势，他们能够表达

出对于生活与人生更为深刻的见解，也因为已经到达了一定年纪，他们自身的例子已经能够充分地论证自己的观点，更具说服性。例如，汪奶奶提出“最好的人生是做自己”，她自己就是具有代表性的例子，同时她在短视频平台中的成功也能证明她的观点的可行性。

第三，对受众反馈的再反馈。反馈是口语传播与受众沟通中最为关键的一环，通过反馈银发网红能够更好地了解信息的传播效果以及受众的期待，而银发网红针对反馈所完成的具体行为则是再反馈，即满足受众的需求或回应受众的疑问。在时尚型银发网红中，再反馈通常以“读私信完成挑战”的方式进行，如“康康和爷爷”这一账号，就将读粉丝的私信作为视频的开头，并根据私信内容（受众反馈）来选择本条视频的穿搭，既能够满足受众对于银发网红回应的期待，也能够解决视频内容产出难的困境。作为生活型银发网红的典型代表，田姥姥的方式截然不同，由于视频的内容主要是日常生活和对姥姥的整蛊，对于受众的再反馈是隐性的。在田姥姥的早期视频中，“嘴碎”“语速快”是受到大众喜爱的特点，反映在后续的视频制作中便是有意地放大或点出受众喜爱的这个特质，将之命名为“突突枪”，以达到强化人设或复制爆款视频的目的。当然，也有更为明显的再反馈方式，如读粉丝评论，通过精选出有趣、搞笑的评论来增添视频本身的趣味性；回放评论所提及的经典片段。另外，视频中也会使用粉丝所提及的方式来实施整蛊，如 2023 年 1 月 3 日所发布的《应网友要求让妹妹扮成老太太逗我姥姥》这一视频。这与“康康和爷爷”采用的方法类似。

第四，特殊的表现形式——隔代情。在银发网红的视频产品中有一种特殊的视频，即展现隔代情。作为受众情感投射的对象，银发网红需要付出更多努力来将这份情感投射实质化，而与孙辈的互动是一种极好的方式，不仅能在孙辈的陪同下更自然地在镜头前展示自己，而且易于唤起受众的情感共鸣。生活型的银发网红通常是采用这种表现形式的主力军，“耀杨的姥爷”与“田姥姥”都是通过展示祖孙之间的相处，放大心态积极的老年人身上所具有的老顽童属性，通过日常生活中的笑料博人一乐。“末那大叔”则不仅表现了隔代情，还表现了三代情，通过呈现爷孙三人共同的生活方式与生活习惯，展现了家族式的仪式感，强调了“一家三代，三种发色，同一种生活”；然而，其中所展现的生活并非普通人的生活，而更具贵族特质，因此视频缺少了亲近感，不仅在情感投射方面效用较浅，在某种程度上还制造了距离感。“康康和爷爷”的方式却不同，康康很少出现在镜头前，而是更多地担任拍摄者，为观众带来第一视角的体验，大大增强了沉浸感。

“江湖大妈”则采用了另一种表现形式——闺蜜情。老年人之间的友情很少被社会关注，“江湖大妈”重点呈现了“金苞娜和罗美丽”的闺蜜情，并巧妙融入“恋爱脑”这一社会热点话题。该账号的视频在紧贴社会热点的同时，填补了市场空白。

二、短视频直播中银发网红的口语沟通

在短视频平台，直播已经成为一种主流形式。传统媒体时代，交流难以突破时空限制，无法实现关注焦点与情感的即时联动，观众的参与感有限，难以在互动中产生强烈的团结感，也无法形成具有集体意义的“我们”这一象征符号。然而，互联网以及移动设备的普及打破了这一桎梏，使事实、互动和意见的产生与扩散同步发生。银发网红通过一种独特的视觉呈现方式吸引了大量粉丝，潜力被网络平台充分挖掘。参与银发网红直播的用户虽身处不同地域，但能够在特定时间“现身”于直播间，形成传受双方的“虚拟在场”。[①] 在此类型的直播中，银发网红会在直播中展示自己的才艺，并与直播间的受众不断互动。临场感是直播吸引受众关注的一个特质，因此，在直播间不断地互动聊天是必不可少的。

相较于展示才艺的银发网红，直播带货类的银发网红目的性更强，与受众沟通的方式也更为简单，即在直播间讲解自己所出售的商品，并回答受众提出的问题，以促进商品售卖。这种类型的银发网红往往会由于其明显的商业化特质而遭到更多怀疑，基于老年人应该呈现出“德高望重”的这一理念，受众不仅会对所卖商品的真实性产生怀疑，还可能会对网红本人进行人身攻击。

第三节　短视频银发网红口语传播中情感传播的建构

近年来，互联网技术的发展与使用门槛的降低为老年群体提供了自我言说的机会，一批银发网红活跃于短视频平台，在互联网上形成了一道独特的媒介景观。银发网红的短视

---

① 牛斌花 . 银发直播中的互动仪式与代际鸿沟弥合：基于抖音平台的研究 [J]. 东南传播，2024（2）：105-107.

频传播往往具有明显的情感倾向，且短视频传播本身也是一种情感的分享、体验与互动过程，但由于情感作为一种人际互动的态度体验和精神感受，是无形的存在，怎样化无形为有形成为探究其情感传播状况的首要问题。为了解决这一问题，本节拟引入符号学概念，符号具有将理性与感性相结合的功能，我们能够通过符号表现和互动推断出其所承载的情感。因此，本节将基于银发网红的类型特质及其传播内容，从符号的表现形式与运用、符号互动过程中情感传播的建构机制以及银发网红情感传播的效果三个角度进行分析，主要探讨以下几个问题：银发网红短视频中运用了哪些情感符号？这些符号是如何构建情感传播机制的？其传播效果如何？以期帮助读者更好地理解银发网红短视频传播的意义与价值。

一、银发网红口语传播中情感符号的表现形式与运用

符号是信息的载体，承载着交流双方意义的中介物；将对符号形式与其所承载的意义结合为一体的理解过程，即符号化的过程。由此可知，情感符号就是指将表达个体主观情感的信息内容通过符号化的呈现方式传达给受众的载体，这些寄托情感的符号可能是任意媒介手段。为了能对银发网红短视频中这些符号的表现及运用有更清晰的认知，笔者在此遵循语言符号和非语言符号这一分类规则进行具体分析。

第一，语言符号。语言是最基本的传播手段，也是口语传播中最基础的符号表现形式。在银发网红的视频中，最常见的语言符号主要有方言和标志性语言。在日常生活中，人们往往会使用具有地方特色的方言进行交流，方言不仅在人们感知空间时发挥着关键作用，还能构筑起短视频创作者和观看者之间的情感桥梁。事实上，尽管普通话是国家一直倡导使用的，但大部分老年人的普通话并不标准，也并非他们所习惯使用的沟通语言，因此，在视频中他们更擅长使用方言来表达，即便有时运用普通话也会带有明显的地域性口音特征。比如，专注于记录家庭互动趣事的抖音“我是田姥姥”账号，东北人田姥姥在视频中就一直使用东北方言或是带有东北口音的普通话。每当被外孙整蛊时，她会用东北话立马予以反击，持续不断的东北方言输出立住了其“碎嘴姥姥”人设的同时，更能让受众直观地感受到幽默搞笑、轻松欢乐的情绪氛围。自带幽默感的东北口音对田姥姥的视频传递享受生活乐趣的人生态度起到了推波助澜的作用，更易触碰到受众积极正向的情感痒点。

标志性语言不仅是塑造银发网红个人形象、提升辨识度的重要工具，还是表情达意最直接的符号。比如，由名人演员转型成为短视频平台银发网红的“济公爷爷”游本昌，他的标志性语言就是“亲爱的娃娃们”。作为德艺双馨的老艺术家，游本昌在短视频平台进行内容分享就是为了向年轻人输出正能量，进行积极的励志教育，运用这样亲切和善的标志性语言可以拉近与受众的心理距离，受众能直接感受到游本昌所传递的诚挚温暖的情感信号并与其形成情感上的深层互动，也因此受众更容易、更愿意体悟和接受游本昌所传达的价值观。

第二，非语言符号。非语言符号是指除语言符号以外的其他所有符号形式，起着增强语言符号传播效果的作用，是一种重要的情感表达工具。非语言符号可以分为语言符号的伴生符、体态符号和物化、活动化、程式化、仪式化的符号。值得注意的是，在银发网红的短视频之中，这些丰富的非语言符号常常彼此呼应交融，通过符号化的呈现方式营造出一个特定的叙事情境，并将情感诉求与意义融入其所构建的情境。

其中比较典型的例子就是B站UP主“敏慈不老”的视频内容。首先，在视频中江敏慈总是穿着一件老式的衬衣，简单优雅中有历经岁月的从容。她的面容舒展，一双眼睛常常眯成月牙儿状，满头银发梳理得整整齐齐，给人一种邻家奶奶的感觉。其次，作为表达情感的符号，她的言行举止在叙述中传递着丰富的含义。她在讲述生命故事时常常会情不自禁地配上肢体动作来展示情节，在说到感人之处时，她的面部表情也非常丰富，或是哈哈大笑，或是掩面流涕。再次，承载记忆的老物件，也充当着物化的非语言符号，填补了过去与现在之间的时空罅隙。学生时代的影像、充满历史质感的黑白相片、桌上的老式缝纫机和参加中国首届教师节大会的纪念品等老物件和江敏慈一起经历了社会和家庭的变迁，幸存下来成为珍贵的历史记忆，并在她的叙事场域中映射出世事变迁的历史光芒，为受众展现了清晰完整的怀旧情境，使得生命叙事下的情感传递自然而有力。可以说，符号与情境是互相支撑的关系，符号构成情境，情境也赋予符号正确的释义，在符号与情境的双重支撑下，情感得以有效传播。

二、银发网红口语传播中情感传播的建构机制

情感传播是一个传播者与受众之间进行情感互动的过程，而符号助力下的互动过程也是一个意义共享的过程。在此过程中，受众处于符号所构建的情境之中，在意义领会中与

传播者产生情感共振，并进一步反观自我，进行情感的梳理与调整。总体来说，符号互动过程中情感传播机制的建构主要经历以下三个阶段。

第一，符号刺激与情感激活。一直以来，符号联想产生的意义深受社会文化的影响，在社会变迁中，情感也在不断被符号化，而被物化、程式化的情感符号因此成为特定情感的“触发器”，会激活受众相对应的情感记忆。情感激活是一种符号刺激的过程，它基于特定的社会环境，引导个体进行意义的辨别和理解。满足人们社会心理的符号意义是经过历史沉淀后形成的，受众通过解读符号的意义来激活个体情感。因此，符号意义在交流互动中起着关键作用，是行为主体理解传播者目的与意义的重要因素。也就是说，受众只有在特定的社会文化背景之下才能清晰且准确地感知情感符号所蕴含的深层次的情感意义，并产生特定的情感体验。综上所述，只有被广泛认知的情感符号才能激励同一文化背景下的受众主动寻求意义解读，从而实现充分的情感激活和共享的情感体验。

以中国传统文化背景为例，传统文化符号在该语境下蕴含着丰富的情感体验，是我们民族心灵交流的媒介，它在许多银发网红的视频中都得到了巧妙运用。比如，抖音银发网红“雪瑞姑姑”，在她春节期间发布的视频中，一方面有许多带有春节元素的符号：春联、“福”字、窗花、红灯笼等，这些符号是印刻在所有民族同胞心底的关于春节的意象，能够轻易激活受众对春节、亲情、团圆等情感的想象；另一方面，她在视频中亲手写了春联，视频中有毛毡、镇纸、砚台、毛笔等中国传统文化符号，能进一步激活受众对传统文化的情感想象。这些情感符号承载着历史记忆和民族心理，是人们寄托和表达情感的载体；并且，这些符号所传递的意义不仅仅局限于当前的时间节点，还会深深地印刻在中华民族的文化心理之中，因此它们也是最容易唤起受众情感的“触发器”。

第二，意义领会与情感共振。符号的价值常体现在其所处的特定环境中，这个环境既包括符号的组合和聚合环境，又包含其所处的时空环境，可以引申为情境。在符号互动论中，情境被解释为行为主体在特定行为反应发生时所处的场景或情形，包括时间、地点、身份和具体行为等要素。根据社会学家托马斯提出的“情境定义”概念，人们在采取行动之前往往会对符号和信息所在的环境进行解构与分析，是一个审视和思考的内省过程。[①] 通常情况下，个体可以根据自身的知识储备对接收到的符号进行理解，但实际上，所有符号都是在特定且具体的情境之中被赋予现实意义的。换言之，情境对于符号的意义领会起

① 赵玥. 符号互动视域下原生视频广告的情感传播研究 [D]. 成都：成都理工大学，2020.

着关键作用。

在银发网红短视频中，受众在符号、叙事内容及表达所营造的具体情境中，被图像、音乐和对话等符号载体唤醒过往的经历或情感记忆，并在新的情境中参与到意义领会活动中，最终产生情感共振。比如，抖音银发网红“康康和爷爷”，爷爷是一位分享潮流穿搭的时尚爷爷，在一条“挑战粉丝私信各类要求”的系列短视频中，他先贴出粉丝私信的图片——“爷爷，我男朋友天天说我又胖腰又粗，每次出门都吐槽我，我都不敢穿漂亮的小裙子了”，再和视频搭档一起作出回应——“我这么老”“我这么胖”和“我们都可以”，接着换上一身精致的穿搭，自信地走上街头，向受众传达“丫头们，大胆做自己！”的观念，并且，视频中背景音乐《这不是我的过错》（*Ain't My Fault*）贯穿始终。在这些图像、画面、音乐、对话符号的呈现下，受众被置于女性反容貌焦虑的叙事情境之下，并由此激活情感反应，特别是女性受众会联想到自己的切身经历，而在康康爷爷身体力行的鼓励下，受众会产生接受自己、大胆做自己的情感共振体验，这点由评论区受众的呼应便可见一斑。

第三，反观自我与情感梳理。社会学家查尔斯·库利将情感因素引入互动过程，提出个体在建构自我时并非封闭的，而是通过交往的途径和符号获得他人对自我的认知，从而不断修正自我。[①] 也就是说，当个体在社会互动中通过他人的评价或判断产生相应的情感反应时——无论是正面还是负面的情感——都会触发自我调节反应，正面情感会予以保持和强化，负面情感则会被消除并努力向正向调节。

事实上，自我调节的前提是对自我的观照和内省，受众在解读符号情境中他人的姿态和情感的同时，也会自然而然地反观、反思自我。在观看银发网红短视频时，情境和意义会激活受众大脑中多维度的情感联结，他们根据自我的感受和认知对银发网红传达的情感内容进行价值判断，从而自发地将自我代入该情境，反观自我在该情境中的表现，由此产生情感虚拟在场效果。比如，“济公爷爷·游本昌”的一则呼吁关注老人数字鸿沟的视频，画面通过情景剧的形式展现了老年人面对数字化生活时窘迫无助的状态，同时，游本昌爷爷身为老年群体中的一员进行现身说法，他的人物形象本身就是该群体的群体符号，因此传递出非常强而有力的情感内容。他在视频中依然以“亲爱的娃娃们”称呼粉丝和观众，始终用积极乐观的态度讲述数字生活给老年人带来的难题，为了跟上数字时代的脚步他所

① 库利 . 人类本性与社会秩序 [M]. 包凡一，王湲，译 . 北京：华夏出版社，2015.

做的尝试以及对同伴的鼓励。游本昌爷爷真诚的叙述和呼吁会使得受众不由自主地反观自我的行为表现，由此产生差异化的情感体验：如果自己过去对待老年人数字化困境时给予了足够的耐心和帮助，就会产生一种被认同的欣慰和自豪感；反之，如果这方面自身做得不够好，那么就会反思并且采取一定的行动进行改善。从起初观看时的情感激活到逐渐由符号情境和意义互动产生情感共振，这是一个自我反观、调节的过程，也是一个情感梳理的过程，并且通常情况下将最终达到正向情感的强化或转化效果。

三、基于情感传播的银发网红口语传播效果

银发网红大多以“爷爷”“奶奶”“姥姥”“姑姑”等为个人标签，凭借契合年轻群体审美的表达方式进入大众视野，收获大批年轻粉丝，成功实现了跨越代际圈层的传播。银发网红通过丰富的人物形象和视听符号来构筑自我生活化的情境，以真实、幽默、温暖的特点令年轻受众回忆起以长辈群体为代表的时代记忆，自然而然地触动他们的心灵，在年轻受众中达到了勾连情感与记忆、给予社会陪伴和释放个体压力的传播效果。

第一，记忆与情感的代际传播。互联网时代的到来使原本处在消失边缘的时代记忆有了新的传播渠道，并为代际互动开辟了新的途径。比如，“济公爷爷”游本昌再次扮上了济公的行头，唱起了济公的经典曲目，用鲜活的人物形象唤起了年轻受众儿时的记忆，视频评论区就有粉丝留下评论，“我们都是看您的济公长大的，祝您身体健康，吃嘛嘛香，寿比南山”。再如，江敏慈奶奶，她的生命叙事唤起了受众的记忆和想象，令年轻受众将符号情境与遥远的历史相连，与祖辈一代代传承下来的传统文化相连，从而形成代际的文化碰撞与情感交织，在互动中建立起代际的交流以及身份与文化的认同。

对年轻受众而言，时代记忆的代际传播既可以满足个体的认知需求，又可以帮助其直面时代冲突、代际矛盾，让两代人真正地连接起来。对银发网红而言，在情感传播的视域下，将内心情感体验转化为可被感知的符号文本，不仅能引发受众的共鸣与共情，更能编织出情感联结的纽带，传递心理慰藉。这实质上构成了一个自我疗愈的过程：他们在对过往经历的回望与反思中重塑自我认知，也为日常生活注入了不竭的信心与活力。

第二，共情中的社会陪伴与个体解压。银发网红的出现在一定程度上满足了受众自身的心理需求。一方面，年轻受众在社交过程中渴望寻找一种亲切感和陪伴感，尤其是远离家乡的他们更加渴望与长辈保持联系，而银发网红通过展示自己的生活、经历和观点，成

为一种情感纽带，让年轻受众感受到了家乡和亲人的亲切与温暖，也弥补了忙碌生活中亲属间的情感空白。另一方面，个体解压也是年轻受众的重要诉求点，在现代社会的竞争压力加大和快节奏的生活下，年轻人经常感受到压力和焦虑。在这种情况下，银发网红的视频内容能带给他们欢乐、轻松和正能量，成为一种情感释放和宣泄的渠道。其实，对于银发网红而言，在情感传播的过程中其自身也会感受到社会陪伴，实现个体解压。银发群体作为刻板印象中互联网时代的边缘群体，正被数字化浪潮裹挟着，陷入失语状态，但短视频的出现给他们提供了一个发声窗口，他们借助短视频平台展示自己的生活，分享喜怒哀乐，让年轻人能够更直观地感受和理解老年群体的需求与情感体验。通过符号运用和情感传播的方式，银发网红诉说自己的故事、传达自己的观点，受众聆听后则用点赞、评论、弹幕和私信等形式给予正向反馈。在互动的过程中，银发网红也获得了社会陪伴感，其个体压力能得到一定程度的纾解。

互联网场景为银发群体的情感表达提供了新的话语空间，一批银发网红通过短视频平台向受众分享生活经验、讲述人生故事、传递各种知识，并在此过程中分享着情感体验。本节以符号为切入点，借助符号将理性与感性相结合的特点，通过对具有典型性的银发网红短视频内容进行分析发现：首先，银发网红短视频的符号运用主要表现为语言符号和非语言符号的运用，其中语言符号又以方言和标志性语言为主，具有最直接、生动地传达情感的功能；非语言符号则彼此呼应交融，营造出一个特定的叙事情境，银发网红在潜移默化中将情感诉求与意义融入其所构建的情境，达到情感传播的效果。其次，符号助力下的互动过程是一个意义共享的过程，因此受众在情感传播机制建构中会经历以下三个阶段：符号刺激与情感激活，意义领会与情感共振，反观自我与情感梳理。最后，在符号助力下，银发网红与受众在记忆与情感中实现了代际传播，成为彼此的社会陪伴，并且都能纾解各自面临的个体压力。由于银发网红情感传播是一个较为宏观的研究课题，本节仅从以上角度进行探讨，以期帮助读者更好地理解银发网红短视频传播背后的情感动机、意义与价值，从而使其对老龄化社会图景产生更清晰深刻的认识。

第八章

银发网红短视频平台口语传播存在的问题与对策思考

第一节　银发网红短视频平台口语传播存在的问题

在网络社会化深入和中国日趋老龄化的背景下，银发一族逐渐涌入互联网短视频平台，热衷于短视频生产，成了银发网红。这些银发网红在一定程度上为短视频平台注入了新活力，破除了公众对老年人的刻板印象，但与此同时，短视频平台中的银发网红在传播实践中也存在一定问题。本节以抖音为个案，分析不同领域的银发网红在内容生产中呈现的特征，并归纳其在传播实践中面临的问题。

一、传播主体层面存在的问题

第一，缺乏整体形象设计。整体形象的呈现是网红塑造自身影响力的第一步，这主要体现在账号昵称、头像选择、个人简介和标签设计以及内容风格对形象的塑造等方面。从银发网红中不难看出，他们在打造个人账号时往往采取相同或近似的策略。从昵称来看，他们的抖音昵称可以大致分为三种。第一种是以“爷爷”“姥姥”“奶奶”等前缀或后缀来命名，这种命名方式可以带给受众亲切感，拉近与受众之间的距离，采用这种命名方式的人较多，如“我是田姥姥”“潘姥姥”；第二种是以“大叔”“老年”“老爷”等关键词命名，这类账号大多是相关机构、品牌形象的宣传账号；第三种是个人姓名，多以明星为主，如“济公爷爷·游本昌”等。从以上分析可以看出，与抖音平台的其他网红群体相比，银发网红在账号命名方面的思路较为单一，普遍采用的是以长辈关键词命名的方式。虽然这种命名方式可以唤起受众亲切感，但是并不能很好地反映出账号风格和内容，而且过多相似的账号容易缺乏辨识度，也容易让受众产生审美疲劳。

从账号简介来看，可以分为单一型和复合型两种。单一型又分为三种，第一种是银发网红本人或其家人对于银发网红的自我介绍，如“我是田姥姥”的“调皮外孙和碎嘴姥姥”；第二种是对账号功能的定位，如“潘姥姥”的“姥姥的农村美食生活”；第三种是展示自己的人生态度和价值观，如“只穿高跟鞋的汪奶奶”的“年龄只是数字，我的精彩人生才刚刚开始”。复合型指的是将自我介绍、功能定位、价值观、商务联系等信息进行整合、分段编排，这种简介常用于年轻群体的社交账号，“末那大叔”的个人简介“记录三代人相处方式、精致日常消费观、种草分享性价比好物、生活需要仪式感”就是典型的复合型简介。绝大多数的银发网红采用的是单一型自我简介，这反映了他们缺乏一定的导流意识与整体形象塑造意识。

第二，人设难以突破，刻板印象强化。尽管很多银发网红在互联网平台力图打造全新的老年群体人设，这有助于改善大众对老年群体的污名化现状，但这种尝试有时反倒会强化刻板印象，并且在打造全新形象之后，很难再有新的突破，往往面临转型的难题。以“只穿高跟鞋的汪奶奶”为例，在 2020 年之前，她发布的视频以变装为主，在 2020 年下半年，汪奶奶意图转型为情感咨询专家，以情景剧的形式去安慰在感情中遭遇坎坷的年轻女孩，但是至今为止，汪奶奶的转型仍未成功，单个作品的平均点赞量仍比较少。

另外，有些银发网红力图塑造年轻化的形象，通过语言或行为强调他们仍然年轻来避免使自己被刻上“老”的标签，“只穿高跟鞋的汪奶奶”每次都是化好妆之后再出镜，几乎看不到她素颜时的样子，在视频中也经常将“展示年轻”作为主要的创作主题，让观众看到一个年轻、时尚、优雅、迷人的老年形象。有粉丝评论：“为什么感觉都是一个表情，有点恐怖，感觉怪怪的。”“感觉老了也可以很美，但不是这种。”此外，一些银发网红在视频中展现的老年人的愚昧无知，也会再次造成老年人的污名化困境。比如，“蔡昀恩”视频中展现了百岁老人听力不好，与好友交流“鸡同鸭讲”，突出了老年人身体上的障碍。这种内容的呈现在某种程度上延续着传统媒体所塑造的老年群体形象，进一步导致了社会对老年群体的污名化。

第三，身体状况不佳。中国人口老龄化趋势在近年来逐渐加强，银发网红的年龄大多集中在 75 岁以上，个别甚至在 100 岁以上。年龄因素往往使许多银发网红精力有限，面临健康问题，这给短视频创作带来了不可控因素。短视频平台的账号运营离不开高频率的更新，而许多银发网红无法保证这一点，容易导致粉丝的流失。处于高龄阶段的“济公爷爷·游本昌”提醒粉丝注意关注老年人身体状况。另外，银发网红自身、其家庭成员以及背后的运营团队都必须考虑老年人的身体健康风险，不能因为追求经济收益而忽视这一问题。2021 年 2 月 16 日，拥有一千万粉丝的银发网红“耀杨他姥爷”逝世，在这之后，原账号更名为“姥爷的耀杨”，由其外孙打理和运营。

第四，媒介素养较低，文化水平有限。大多数银发网红没有直接经历过互联网技术高速发展的时期，在成为短视频平台网红之前很少使用互联网，对网络的了解很少，有学者甚至因此称老年人群体为“数字难民”，即因为政治、经济、文化等因素远离互联网的一类人。这就意味着即使他们有比较大的互联网影响力，也不一定有较高的媒介素养。此外，银发网红的年龄大多在 60 岁以上，吐字不清是老年人的普遍现象，也有很多老年人不会讲普通话，这意味着观众在观看银发网红的短视频时，容易产生理解困难。在制作短视频时，可以借助字幕解决这一问题，但当银发网红走上直播带货之路时，这一问题就变得尤为明显。还有许多银发网红自身表达能力有限，常常要用很多时间对自己想要表达的内容进行解释，或者会重复相同的内容，在听感方面容易让受众厌烦。

二、传播内容层面存在的问题

第一，同质化严重，群体效仿明显。内容同质化一直是抖音平台在内容运营方面遇到的较大问题，银发网红群体的涌入虽然在一定程度上丰富了抖音的内容生态，但是随着老年网民数量的增多，同群体内的内容同质化现象再次显现。在此以“我是田姥姥”为例，对其个人主页和视频文案进行分析后，我们不难发现该账号内容较为单一，绝大多数的视频都是外孙在整蛊姥姥，并加以“碎嘴的姥姥”Tag（标签），拍摄地点也都是在姥姥家内，容易让人产生视觉疲劳，甚至给观众留下恶趣味、低俗的印象。内容同质化意味着银发网红的作品缺乏原创性，这一点在“潘姥姥”的美食视频中表现得最为明显。虽然潘姥姥会更新各种各样美食的制作过程，但翻阅其评论区后不难发现，许多网友评论说在其他账号看到过相同的内容，也有网友质疑她抄袭。长此以往，必定不利于账号形象的塑造，会加速用户流失。

第二，视频制作质量粗糙。通过梳理六位银发网红视频内容的制作情况可见，各个账号视频的制作水平存在很大差异，但总体来说，整体生产水平和质量还不够高。“我是田姥姥”签约了专业的MCN公司，由于其为专业化的机构生产模式（PGC），视频制作质量比较精良，在视频的镜头拍摄、画面特效、字幕和背景音乐等方面都更加专业、更加用心，能够高度契合作品的主题、账号风格的设定，从人物的出镜表现到声画之间的配合，都没有违和感，给观众留下了美好的视听享受；但是，大多数银发网红账号都是单打独斗式的个人运营（UGC），如果其实际的拍摄制作者就是他们自己或其亲朋好友，这显然不能与MCN机构的专业生产相比。除了内容的同质化，还存在声画配合问题，大多是镜头的简单拼接，无法构成完整叙事。

第三，对年轻人流行文化的迎合。银发网红的内容生产偏向年轻化，在贴近短视频受众的同时，容易产生过于迎合年轻人文化而丢失自身特色的问题。许多老年人在交流或者视频剪辑时常常使用年轻人的热梗，他们逐渐异化为新的数字劳工。比如，“小顽童爷爷”账号中爷爷与奶奶的日常对话：

爷爷：“老伴，快点起床吃饭了，饭做好了。”

奶奶：“叫我小仙女。”

在视频剪辑和字幕添加方面，年轻人的语言经常出现在字幕中，如“画画的baby”“宝贝晚安，宝贝早点睡”“为什么你们女孩子一生气就不说话呢？”等，这些内容或多或少都是“玩梗”现象，有些词汇甚至需要有背景知识才能理解，不了解背景的人很难理解这些视频。为了玩梗而刻意用梗，有时并不能真正起到制造幽默的作用，反倒失去了老年人本身的特点。真正的“热梗”“爆梗”往往是在不自觉中产生的。比如，热爱英语的阳朔导游“刘涛 Teacher Liu”，在翻唱英文歌曲中，因为自身口音，将“thank you”说成了“栓Q”，这才有了2022年真正的一个热梗。老年人有通过媒介进行发声表达的权利，但如何规范其表达的方式与形象的呈现或许是更值得思考的问题，银发网红应当加强自身的规范性，避免一味地迎合青年文化，沦为银发经济的奴隶。

三、传播受众层面存在的问题

第一，是否存在不贴合年龄的生产力和过度消费老年人现象？由于大多数银发网红的视频生产存在对年轻群体文化的迎合，受众常常会质疑视频内容是否完全出于老年创作者自身的真实创作意愿，是否只是单纯地托付于 MCN 机构的外包商品。设计好的情节与台词、规划好的场景都使得银发网红很难真正成为视频内容的主导者，拍摄与制作权利的转交也使得银发网红的视频带有多种文化色彩。此外，一些银发网红发布在抖音平台的短视频有惊险、刺激等对老年人本身并不友好的元素，容易引发观众反感。例如，“我是田姥姥”中的外孙经常通过做一些危险刺激的动作来拍摄姥姥看到这种场景时的反应，如外孙穿上玩偶服装假装被怪兽抓走，姥姥被吓得直喊救命。这类内容往往只会起到娱乐化的作用，一些情节也可能被受众模仿，产生负面效应。

第二，粉丝内在需求的规训。在短视频对空间的公开化、透明化、可视化的呈现中，粉丝在凝视与偷窥中规训着银发网红的展演行为。这种规训建立在观看机制之上，同时可见性是不对称的，[①] 其目的就是在空间意义上管理人、规训人、治理人。比如，会有粉丝在评论区评论“不要消费老年人”“看着爷爷穿裙子真的很不舒服”“多拍一些积极向上的视频”“让奶奶多说一些话”等。许多受众会清晰地表达自己对视频的不认同，并期望用自己的逻辑试图规范银发网红的行为。

四、商业运营层面存在的问题

许多银发网红在拥有一定流量之后，往往会走上商业化的道路，其中内容植入、直播带货这类简单粗暴的变现方式更容易受到银发网红的青睐，但是这两种变现方式，银发网红在没有考虑清楚账号定位、没有做好与粉丝互动的准备的前提下去做，非常容易失去年轻受众的信任。一方面，银发网红往往没有深入分析粉丝层次的构成、需求，多盲目选择一些自认为卖得好的商品。另一方面，有些银发网红对广告产品缺少严格把关，导致产品质量差、售后无保证的现象时有发生。此外，银发网红本身表达能力、直播技能熟练程度也影响着直播转化率，如一些银发网红在直播间只是在现场静坐着，充当一个人物符号，而由身边工作人员介绍产品，如此缺乏与观众的互动，必然影响受众的消费欲望。

① 戴宇辰 . 从“全景敞视”到“独景窥视”：福柯、拉图尔与社会化媒体时代的空间——权力议题再阐释 [J]. 国际新闻界，2021，43（7）：6-24.

第二节 银发网红短视频口语传播的对策与建议

银发网红在短视频平台的走红引发了社会的极大关注，而口语传播以易于传播等特性在短视频传播中占有举足轻重的地位。本节以抖音平台为例，从积极老龄化的健康、参与、保障三个层面对银发网红在抖音短视频平台上的口语传播进行思考，并提出建议。

一、积极老龄化理念的引入与应用

积极老龄化的概念于20世纪90年代末被提出，并于2002年第二届世界老龄大会中被采纳，继承并发展了20世纪60年代提出的“成功老龄化”和20世纪90年代形成的“健康老龄化”这两种理论，指出老年人不仅能够保障身体各方面机能和心理层面的健康，而且能够根据自己的需求、喜好，参与到社会生活中，为社会创造价值。结合国内外相关文章的定义，可以得出，积极老龄化主要与健康、参与、保障三个层面相关联。

国内常运用积极老龄化这一概念分析关于老年群体的研究。例如，陈积微从积极老龄化的健康、参与、保障三个层面出发，针对媒介所呈现的涉老报道进行分析，为推动社会积极老龄化提供了借鉴。本节也将从积极老龄化的三个层面来分析短视频平台口语传播的对策。关注银发网红与短视频口语传播的联系本身就是积极老龄化理论的一种实践，结合积极老龄化理论，可以探索出老年群体对短视频平台口语传播的真实需求。

二、银发网红口语传播的引导维度

第一，健康维度的体现与引导。2021年2月16日，“耀杨他姥爷”账号发布讣告，宣告姥爷王福祥逝世，享年83岁，之后账号名称被改为“姥爷的耀杨”。从中可以看出，银发网红健康层面的风险已经成为账号运营不可忽视的问题，若无法保障老年群体的健康，便无法使银发群体参与互联网的传播实践。健康是实现积极老龄化的基石。个人生活的分享、获得流量、换取商业利益都要基于老年人的身体条件，而老年群体的口语传播也是建立在其健康传播的基础之上的。因此，无论是社会层面还是家庭层面，都应该积极传播健康养老的态度，强调老年群体的社会价值，鼓励老年群体在互联网上进行态度的表达和传播。

此外，传播主体可以根据银发网红的身体状况，增加家庭或集体的出镜，打造网红团队，这样在减少老年人工作量的同时，还能吸引更多观众，保持更新频率。例如，“末那大叔”以展示爷爷的精致生活为主，其间还混合展示其儿子和孙子的时尚生活，最初该账号是儿子的个人账号，后来由于孙子沛东的出众长相和优越身高，该账号被打造成了展现祖孙三代精致生活方式的账号。除此之外，“老反骨”“时尚奶奶团”都运用了这一运营策略来保障老年人的健康状况，同时借此实现层次更丰富的口语传播。

第二，参与和互动的体现与引导。老年人的社会参与有益于改善老年人的健康状况，在口语传播语境下，社会应该积极对缺乏数字素养的老年人进行数字反哺，帮助老年群体在互联网上增加话语权，从而积极推动老年群体在互联网上的口语传播。其中，家庭中的代际数字反哺尤其重要，子代应主动寻找两代文化共通点并进行针对性的数字反哺，引导老年人逐步适应使用互联网。从观众的视角出发，观众对银发群体在短视频平台上的口语传播进行正向回馈是老年群体参与社会、参与话语传播的重要支柱，因此，观众应该树立积极老龄化的理念，对于老年群体的口语传播在鼓励和关怀的基础上进行正向引导，并以宽容的态度对待，不要打消老年人在口语传播中的积极性。

从短视频平台视角出发，以抖音为首的短视频平台可以打造短视频的银发网红模块，策划符合老年群体形象的活动，提高银发网红的知名度，从而提高老年群体的口语传播能力。值得提出的是，抖音的算法机制确保了每一个原创视频都能获得可观的自然浏览量，若内容创作优质便能获得更多的数据，这种独特的推送机制使得每一位素人能自由地表达观点，并且获得一定的社会参与感。针对部分银发群体口语传播能力薄弱的现象，平台可以开设统一面向老年人的公开口语传播短视频课程或直播课程，与此同时，鼓励他们建立短视频账号，促进口语传播的双向实践，甚至可以建立特定的模块，进行银发群体的“作业作品化”和“作业公开化”，鼓励银发群体展示口语传播的实践成果，这样既能保证银发群体的口语传播质量，又能打造出符合时代需求的短视频，还能在极大程度上推动银发群体的网络参与度和口语传播参与度。

从技术的角度来看，由于不同的社会媒体平台具有不同的内容偏向与算法推荐机制，银发网红有不同的活动平台和社会背景，银发网红群体很容易因为圈层不同、城市不同产生认知的回声室效应。对此，短视频平台应该回应对泛媒体时代的要求，打破地域边界，充分吸收、借鉴各种软件和网络媒介平台的宝贵经验，并且通过与擅长口语传播、口语教学的经验丰富的网红进行视频合作，在参与的基础上提高银发群体口语传播的质量。

第三，保障维度的体现与引导。自 2002 年世界卫生组织健康发展中心将“保障”这一维度加入积极老龄化的内涵，就说明针对老年群体在经济、政治、文化和社会生活方面提供法律与基础设施保障是十分必要的。银发网红在短视频平台上的口语传播不仅需要内容、技术上的支持，还需要政府部门的保障。比如，短视频平台基础设施建设的保障，数字鸿沟第一层的具体表现就是“接入沟”，即老年群体在使用设备的条件和互联网接触上与年轻群体的差距。银发网红作为积极地参与到数字网络中的老年人，离不开先进的设备条件和网络技术，对此，政府部门和技术企业可以借助银发网红兴起的热潮，为其互联网短视频的口语传播提供足够的网络基础设施支持，充分保障老年人的数字需求，提升信息适老化水平。

再如，法律法规制度上的保障。各类短视频平台应该从保障银发网红的权益、推动银发网红短视频行业规范化、实现商业可持续性等方面建立一系列适老化的行业规范制度，如，平台应针对银发网红进行实名制确认，保障老年群体在短视频平台的传播不受各方利益损害。短视频平台要想真正完善适老化措施，吸引更多老年群体的口语传播，就需要改变传统的商业运作逻辑，转变思维方式，提升“助老”“为老”“护老”的能力。短视频平台只有真正从老年群体的需求出发、倾听老年群体的声音、保障老年群体的权益，才能更好地进行资源的整合，最大限度地发挥平台的优势。此外，随着直播带货热潮使银网红再就业，银发网红口语传播权益问题也浮出水面，如高龄老人的身体状况是否可以承受高压的直播口语环境、银发网红的口语表达是否真的出于本人的意愿、老年人口语传播水平是否能够保障长时间直播等，这些因素背后都需要政府部门制定相关的法律政策，规范银发网红行业口语传播环境。

三、银发网红口语内容与传播的优化

在内容的生产方面，随着银发网红的受众从同龄的银发群体扩展到范围更大的年轻群体，银发网红不仅能在老年群体中起到意见领袖的作用，还能在很大程度上带领年轻群体确立新型的生活态度。因此，银发网红在短视频平台上的口语传播中，在语言表达、音乐辅助、情景交融的组合传播中，应该注重内容的创新性，拒绝一味地复制与模仿，也应该注重不要让形式大于内容。在“末那大叔”的视频中，其 MCN 团队常用响亮的背景音乐以及倍速的视频播放来强调银发网红精致、时尚的特质，但缺少了一定的内容创新性，容易引起观众的审美疲劳。此外，MCN 团队还应打造符合银发网红主体个人形象的脚本，尽量减少消费银发网红情感的剧本，拒绝通过剧本来贩卖人设的现象，努力做到回归传播的初衷。

在语言传播方面，银发网红个人应该注意对语言、语调的控制，不要为了争夺流量刻意迎合年轻人口味，从而导致失去个人语言风格，与传播的初衷背道而驰。MCN 团队更应该严格把控银发主体的公关形象和口语传播的质量，做到传达积极正能量的生活态度以及真挚的情感，在思想上引领更多受众进行新时代老年态度的表达；当然，适当借鉴年轻化语态并对老年群体生活进行创作也有助于迎合互联网的潮流，但要剔除与账号主体老年人特征不相符的低俗成分。同时，银发网红群体应该注重个人对商业价值的考量，权衡好直播带货的经济收益和自身形象的关系，为受众提供积极的价值观引导。例如，银发网红的商业广告应该选择适合老年群体的商品，并且创作过程中应该考虑到植入广告的流畅性。

当算法推荐成为短视频平台内容投放的主导方式时，普通的银发用户想要摆脱“隐身”的困境，在平台中获得更多话语权，就应该积极做好富有个人特征的口语传播。老年群体可以尝试拓展不同的拍摄话题和拍摄场景，丰富画面的多样性，提升趣味性，增加与观众互动。银发群体背后的家庭成员也应该起到引导责任，避免银发群体在技术上或是口语传播上出现差错。

四、基于积极老龄化视角的银发网红策略优化

第一，针对老年群体：缩小数字鸿沟。提升老年群体的基本网络知识与操作技能，进而缩小数字鸿沟，是提高老年群体网络社交参与能力，培养他们原创能力的根本前提。社区应当给予老年群体人文关怀，家庭成员应当对老年群体进行数字反哺。随着年龄的增长，老年人的视觉识别能力等身体机能逐渐下降，反应迟钝，记忆力随之降低，因此难以识别电子信息的具体内容，对于信息的接收与理解缓慢且易于遗忘。家庭成员应当引导老年人逐步培养网络信息识别能力、获取能力、自我管理能力，以更为开放的态度去理解新鲜事物与潮流文化，而非单纯地仿照与跟风。

第二，针对短视频平台：监管与人文关怀并行。各大短视频平台应当在进一步加强

内容监管的同时，肩负起对于老年群体的社会责任，适当地给予银发网红群体保护和倾斜政策。一方面，为避免银发网红创作内容出现同质化乃至低俗化的趋向，各大平台可结合人工智能、大数据等新技术，开发更为智能高效的内容监管系统，及时准确地进行内容审核，形成智能化的内容治理格局。另一方面，为提升银发网红群体的原创积极性，平台应当针对此类创作者提供足够的创作激励，与此同时，进一步优化自身适老性功能，如进一步完善“长辈模式”，开发操作更为简易的视频创作以及发布功能，为平台老年创作者提供更为易懂的创作指引，建构氛围良好健康的互联网老年社区。

第三，针对政府部门：提供良好政策环境。政府部门应当进一步完善相关法律法规，为银发网红的正向发展营造良好的政策环境。一方面，政府部门应当出台相关法律细则，对银发网红群体实施法律保护，对各类短视频平台以及银发网红所属的 MCN 机构进行法律约束，规范银发网红的互联网使用，严格禁止 MCN 机构因商业利益而违背老年人主体意愿或伤害其身心健康，要求其实时关注老年群体的身体与精神状态，进一步保障老年人退休再就业的基本权益。另一方面，政府部门应当完善老年社区建设，将老年群体的线上、线下社交活动进行结合，组织互联网知识普及课堂等公益社区活动，并为老年群体提供相关网络技术支持，引导、支持老年群体进行积极向上、去低俗化的内容创作。与此同时，还应在整体社会范畴内进行合理的价值观引导，倡导网民树立积极老龄化社会的观念，对银发网红予以相应的理解与情感支持。

参考文献

著作

[1] 姚喜双 . 播音主持概论 [M]. 北京：高等教育出版社，2012.
[2] 陆晔，赵民 . 当代广播电视概论 [M]. 3 版 . 上海：复旦大学出版社，2018.
[3] 战迪，叶昌前 . 节目主持批评学 [M]. 北京：中国大百科全书出版社，2020.
[4] 常江 . 广播电视学导论 [M]. 北京：北京大学出版社，2016.
[5] 刘春蕾 . 广播电视节目采访艺术 [M]. 郑州：河南大学出版社，2012.
[6] 赵颖 . 新编语用学概论 [M]. 北京：中国商务出版社，2015.
[7] 文健 . 语用学引论 [M]. 昆明：云南大学出版社，2016.
[8] 陈望道 . 修辞学发凡文法简论 [M]. 上海：复旦大学出版社，2015.
[9] 希翁 . 声音 [M]. 张艾弓，译 . 北京：北京大学出版社，2013.
[10] 彭兰 . 新媒体用户研究：节点化、媒介化、赛博格化的人 [M]. 北京：中国人民大学出版社，2020.
[11] 莫斯可. 云端：动荡世界中的大数据 [M]. 杨睿，陈如歌，译. 北京：中国人民大学出版社，2017.
[12] 彼得斯 . 奇云：媒介即存有 [M]. 邓建国，译. 上海：复旦大学出版社，2020.
[13] 库尔德里. 媒介仪式：一种批判的视角 [M]. 崔玺，译. 北京：中国人民大学出版社，2016.
[14] 戈夫曼. 日常生活中的自我呈现 [M]. 2 版. 冯钢，译. 北京：北京大学出版社，2025.
[15] 拜厄姆. 交往在云端：数字时代的人际关系 [M]. 董晨宇，唐悦哲，译. 北京：中

国人民大学出版社，2020.
[16]波兹曼. 娱乐至死：童年的消逝 [M]. 章艳，吴燕莛，译. 桂林：广西师范大学出版社，2009.
[17]李展 . 数字时代的口语传播：理论、方法与实践 [M]. 厦门：厦门大学出版社，2014.

期刊

[1]刘晶 . 跨媒体直播中有声表达的文化认同与情感共振：《一平方米》72 小时慢直播传播样态分析 [J]. 电视研究，2021（5）：17-19.
[2]季苏平 . 新闻场域中融合传播的效果分析：以总台中国之声《我给家乡带个货》直播节目为例 [J]. 中国广播，2020（6）：73-75.
[3]吴泓，岳辉 . 节目主持人话语的去套语化与语言创新 [J]. 中国电视，2019（2）：82-87.
[4]苏媛 . 论心理访谈类节目主持人的专业素养 [J]. 中国广播电视学刊，2018（3）：77-79.
[5]徐树华 . 论口语研究的三种导向：交际、表达、传播 [J]. 现代传播，2012，34（9）：66-69.
[6]沈刘红 . 网络交流：人际性的回归 [J]. 当代传播，2003（5）：56-58.
[7]王馥芳 . 听觉互动之于文化的建构性：基于“图像至上主义”潜在的文化破坏性 [J]. 江西师范大学学报（哲学社会科学版），2016，49（2）：80-85.
[8]谢新洲，赵珞琳 . 网络知识传播的沿革与新特征 [J]. 编辑学刊，2017（1）：6-12.
[9]阿特金森，王敦，高宇 . 音响生态学：都市空间的声音秩序 [J]. 文学与文化，2017（4）：48-54.
[10]王敦 . 听觉文化研究：为文化研究添加“音轨”[J]. 学术研究，2012（2）：154-158.
[11]王敦 . “听觉文化研究”与“声音政治批评”的张力与互补：与周志强商榷 [J]. 探索与争鸣，2018（7）：68-73.
[12]彭兰 . 短视频：视频生产力的“转基因”与再培育 [J]. 新闻界，2019（1）：34-43.
[13]刘楠，周小普 . 自我、异化与行动者网络：农民自媒体视觉生产的文化主体性 [J]. 现代传播（中国传媒大学学报），2019，41（7）：105-111.
[14]韩春秒 . 乡音乡情乡土气：管窥乡村原创短视频传播动向 [J]. 电视研究，2019（3）.
[15]王建磊 . 空间再生产：网络短视频的一种价值阐释 [J]. 现代传播（中国传媒大学学

报），2019，41（7）.

[16]刘涛 . 短视频、乡村空间生产与艰难的阶层流动 [J]. 教育传媒研究，2018（6）.

[17]吴琼 . 视觉性与视觉文化：视觉文化研究的谱系 [J]. 文艺研究，2006（1）：84-96.

[18]张爱凤 . “底层发声”与新媒体的“农民叙事”：以“今日头条”三农短视频为考察对象 [J]. 广州大学学报（社会科学版），2019，18（4）：49-57.

[19]张荣，刘秀清 . “新农人”短视频兴起中的城乡互动与关系重构 [J]. 河北师范大学学报（哲学社会科学版），2020，43（6）：106-111.

[20]蒋晓丽，何飞 . 情感传播的原型沉淀 [J]. 现代传播（中国传媒大学学报），2017，39（5）：12-15.

[21]曾一果，时静. 从“情感按摩”到“情感结构”：现代性焦虑下的田园想象——以“李子柒短视频”为例 [J]. 福建师范大学学报（哲学社会科学版），2020（2）：122-130.

[22]常江，何仁亿 . 安德烈亚斯·赫普：我们生活在“万物媒介化”的时代——媒介化理论的内涵、方法与前景 [J]. 新闻界，2020（6）：4-11.

[23]连冰玉 . 超越功能主义范式的短视频传播新路径 [J]. 现代传播（中国传媒大学学报），2020，42（5）：123-126.

[24]严三九 . 融合生态、价值共创与深度赋能：未来媒体发展的核心逻辑 [J]. 新闻与传播研究，2019，26（6）：5-15.

[25]陆晔，赖楚谣 . 短视频平台上的职业可见性：以抖音为个案 [J]. 国际新闻界，2020，42（6）：23-39.

[26]潘祥辉 . “无名者”的出场：短视频媒介的历史社会学考察 [J]. 国际新闻界，2020，42（6）：40-54.

[27]潘忠党 . “玩转我的 iPhone，搞掂我的世界！”：探讨新传媒技术应用中的“中介化”和“驯化”[J]. 苏州大学学报（哲学社会科学版），2014，35（4）：153-162.

[28]彭兰 . 视频化生存：移动时代日常生活的媒介化 [J]. 中国编辑，2020（4）：34-40，53.

[29]燕道成，李菲 . 场景·符号·权力：电商直播的视觉景观与价值反思 [J]. 现代传播（中国传媒大学学报），2020，42（6）：124-129.

[30]谭天 . 从渠道争夺到终端制胜，从受众场景到用户场景：传统媒体融合转型的关键 [J]. 新闻记者，2015（4）：15-20.

[31]王颖吉，时伟 . 类型、美学与模式：乡村短视频内容生产及其创新发展 [J]. 中国编

辑，2021（11）：23-28.

［32］张雅斐 . 乡村振兴战略下农村短视频的传播价值及提升路径研究 [J]. 西南科技大学学报（哲学社会科学版），2021，38（5）：50-54.

［33］江志全，范蕊 ."走向日常生活美学"：社交短视频的时代审美特征 [J]. 文艺争鸣，2020（8）：98-103.

［34］罗希，郭健全，魏景赋 . 社交媒体时代科普信息传播的困境与突破 [J]. 科普研究，2012，7（6）：5-10.

［35］张航空，刘哲希 . 老龄化背景下的中国式现代化：第四届老龄经济学论坛会议综述 [J]. 人口与经济，2023（4）：158.

［36］方提，黄莉婷 ."银发网红"的媒介话语建构及其社会根源 [J]. 新闻爱好者，2022（2）：35-39.

［37］张晶晶，孙浩绫，燕亚梅 . 数字技术支持服务增进老年人社会联结的路径 [J]. 图书馆论坛，2024（4）.

［38］陈虹，杨启飞 . 基于场景匹配的口语传播：智媒时代之播音主持教育 [J]. 现代传播（中国传媒大学学报），2020，42（6）：164-168.

［39］杜鹏，马琦峰 . 银发网红：缘起、机遇与挑战 [J]. 社会建设，2023，10（2）：15-25.

［40］严三九，刘峰 .5G 背景下短视频内容生态重构探析 [J]. 中国编辑，2020（6）：9-14.

［41］吴晓东，王准 . 引爆点理论视域下老年网红潮的成因与问题 [J]. 青年记者，2020（3）：41-42.

［42］赵丽芳，张宝誉，张涛 . 从积极老龄化到乌托邦幻想：基于抖音平台老年网红的分析 [J]. 中国新闻传播研究，2021（4）：155-167.

［43］吴炜华，姜俣 . 银发网红的网络实践与主体追寻：基于视频社交场景中的"老年 UP 主"族群研究 [J]. 新闻与写作，2021（3）：14-21.

［44］晏青，李宁馨 . 联结、驯化与社会应许：农村老人短视频使用与社会融入研究 [J]. 新闻与传播评论，2022，75（6）：26-36.

［45］何志武，董红兵 . 短视频"下乡"与老年群体的日常生活重构：基于一个华北村庄的田野调查 [J]. 新闻与传播评论，2021（3）：14-23.

［46］孙一楠，谭天 . 最美不过夕阳红：老年网红价值与影响分析 [J]. 新闻爱好者，2021（4）：28-31.

后　记

在智能传播浪潮的席卷下，传统播音主持教育面临着前所未有的冲击与挑战。作为一名传媒教育一线工作者，我深切地感受到了传统广电媒体节目主持教学内容已难以契合当下媒体实践的高速发展。因此近几年来，我把自己在上海大学新闻传播学院的“广播电视节目主持”课程全面升级为口语传播相关内容，涉及结构、内容与授课方式多个方面的调整。在2023年春季学期的课程中，我带领全班同学围绕银发网红这一代表性的新兴群体进行了深入研讨，从多方面对银发网红这一群体的口语传播实践进行了分析，力求通过研讨引导学生加深对新兴媒体平台上特定群体口语传播特点、问题的认识。课程研讨过程中积累了大量的案例与材料，许多同学参与到这一过程中，这为本书的后续完善创造了条件，在此向张旭帆、王海蓉、李郁轩、宋冰嫣、王怡洁、立娜・哈曼、朱辰熠、文薪瑶、何正阳、吕成昊、仲仪璇、阿迪娜・买买提江、高雯宁、王聂珺、项斐琳、艾菲娅・阿不来孜、顾佳琦、金寒婷、李潇、汪欣颖、恩卡尔・阿肯、沈泰合、叶凯・吾拉台、鲍羽扬、迪力拉热・加林、韩宇、熊尹悦、茹扎・托里肯、郁琪琳、毛艺凝等同学表示感谢。

课程结束后，我将积累的各类材料进行了系统性梳理，围绕“银发网红的短视频口语传播”这一核心问题做出论证与修改，本书逐步成形。无锡城市职业技术学院影视学院的王兴海老师、浙江建设职业技术学院管理与信息学院的朱颖老师以及上海大学新闻传播学院的硕士研究生缪佳玲、王雅婷、乔芳凝、曾抒鸣、仲余玲、张华艺、程羽佳等同学均参与了资料的搜集与梳理；任井里惠、陈秋婷、陈思娜、胡雅梦等四位同学则在内容写作与修改阶段付出了大量时间与精力，诚挚感谢各位老师和同学的辛苦努力（以上排名不分先后）。本书的撰写受到上海大学新闻传播学院青年教师激励计划（BX2025JL002）的支持，在此向所有给予我关怀与帮助的学院领导、师友表示感谢。

本书由中国传媒大学出版社出版，于我而言，深感荣幸。在此，感谢中国传媒大学出版社各位领导与编辑老师的辛苦付出，特别感谢曾婧娴主任与裴向敏老师对本书的付出。

限于个人水平和视野，本书难免有疏漏之处，需要在后续研究中予以完善，也真诚地希望所有在这一领域有研究的朋友多多指正。

刘峰

2025 年 2 月 17 日

于柳营路 669 弄

图书在版编目（CIP）数据
银发网红：老龄群体的短视频口语传播研究 / 刘峰著．-- 北京：中国传媒大学出版社，2025. 9. -- ISBN 978-7-5657-4043-5
Ⅰ．H03
中国国家版本馆 CIP 数据核字第 2025JZ1022 号

新时代传媒创新书系
银发网红：老龄群体的短视频口语传播研究
YINFA WANGHONG：LAOLING QUNTI DE DUANSHIPIN KOUYU CHUANBO YANJIU

著　　者　刘　峰
策划编辑　曾婧娴
责任编辑　裴向敏
责任印刷　李志鹏
封面设计　风得信设计·阿东

出版发行　中国传媒大学出版社
社　　址　北京市朝阳区定福庄东街 1 号　　邮　　编　100024
电　　话　86-10-65450528　65450532　　传　　真　65779405
网　　址　http://cucp.cuc.edu.cn
经　　销　全国新华书店

印　　刷　唐山玺诚印务有限公司
开　　本　787mm×1092mm　1/16
印　　张　9
字　　数　174 千字
版　　次　2025 年 9 月第 1 版
印　　次　2025 年 9 月第 1 次印刷

书　　号　ISBN 978-7-5657-4043-5　　定　　价　45.00 元